톡톡 튀는 고사성어

이상기 편저

전원문화사

머리말

한문이 이 땅에 들어온 지 수천 년이 지났습니다. 그래서 한자는 중국의 글이라 할지라도 이미 겨레의 피가 되고 살이 되고 있습니다. 수천 년을 두고 동양 문화의 뿌리를 형성해 온 한문은 유구한 인류 생활의 양상과 방대한 사상을 담고 있으니, 어찌 한자 성어에 대한 정확한 지식 없이 우리말과 우리 문화를 안다고 할 수 있겠습니까?

역사적인 말이나 교훈적인 짧은 이야기들이 굳어져서 고사성어(故事成語)로 형성되어 온 것이 중국 고전에는 허다합니다. 중국은 물론, 과거 한문을 사용하던 동양의 여러 나라에서도 이것을 그대로 받아들여서 지금까지도 일상 생활 속에서 숙어로 많이 활용하고 있는 실정입니다. 고사(故事)는 실제의 일화(逸話)를 가지고 있는 말이지만, 성어(成語)는 옛사람이나 현대인이 만든 말입니다. 예를 들면, 적대시하는 두 사람 사이를 오월지간(吳越之間)이라고 표현하는 것은 춘추시대에 적대국이었던 두 나라의 이름에서 유래된 것으로서 고사라고 할 수 있습니다. 반면에 오늘날 상대 정당(政黨)의 사람끼리 우연히 자리를 함께 하였을 때, 이를 오월동주(吳越同舟)라고 평하는 것은 역사적 사실이 아니므로 고사가 아니고 성어입니다.

이 책은 고사성어에 대한 사서로서의 충실한 면모를 갖추고 있습니다. 한문에 관심을 갖는 여러분에게 좋은 반려자가 되기를 바랍니다.

끝으로 이 책을 펴내는 데 애써 주신 김철영 사장님과 임직원 여러분에게 감사드립니다.

1995年 8月
편저자 이 상기

차 례

유래가 있는 고사성어

水魚之交
1995年9月 李相麒

가인박명

佳人薄命

(아름다운 가) (사람 인) (엷은 박) (목숨 명)

용모가 너무 빼어나면 운명이 기박하다.

　소식(蘇軾)은 그의 시 「박명가인(薄命佳人)」에서 자신이 항주(杭州), 양주(楊州) 등의 지방 장관으로 있을 때 우연히 절에서 본 어여쁜 젊은 여승(女僧)의 모습을 보고 느낀 바가 있어, 그녀의 아리따웠을 소녀 시절을 생각해 보니 미인의 운수가 기박한 것 같다고 읊은 것이다.
　현재에 이르러서는 뛰어난 용모와 재주를 지니고 있어서 능히 남들의 부러움을 살 만한 처지의 사람이 그 장점에도 불구하고 오히려 보통 사람들보다도 기구한 길을 걷게 되는 경우를 가리켜 말한다. 미인박명(美人薄命)도 같은 말이다.

각주구검

刻舟求劍

(새길 각) (배 주) (구할 구) (칼 검)

칼이 물에 빠지자 나중에 배가 움직일 것은 생각지도 못하고 뱃전에 칼자국을 내어 표시해 두었다가 칼자국을 기준으로 뱃전 부근에서 칼을 찾으려 한다는 뜻으로 시세의 흐름에 융통성이 없음을 비유하고 있다.

초나라 사람이 칼을 껴안고 양자강을 건너고 있었다. 그런데 옆의 사람들이 나누는 재미있는 이야기에 정신을 팔다가 배가 강 복판에 이르렀을 때 그만 껴안고 있던 칼을 물에 빠뜨리고 말았다.

"앗, 큰일났다!"

사나이는 외치며 뱃전에서 몸을 일으켰으나 칼은 이미 물 속으로 가라앉았다. 당황한 사나이는 주머니칼을 꺼내 칼이 떨어진 방향으로 뱃전에 자국을 내어 표시하고 의아하게 생각하는 사람들을 향해 껄껄 웃으며 말했다.

"내 칼이 여기에서 떨어졌거든. 하지만 표시를 해 놓았으니까 이제 안

심이야."

　잠시 후 배가 언덕에 닿았다. 사나이는 곧 표시해 놓은 뱃전에서 물 속으로 뛰어들어 칼을 찾아보았다. 그러나 배는 사나이가 칼을 떨어뜨린 곳에서 멀리 이동해 왔으므로, 칼이 그곳에 있을 리 없었다.

　사람들은 "배에 표시를 해서 칼을 찾으려 한다(刻舟求劍)."며 그의 어리석음을 비웃었다.

간담상조

肝膽相照

(간 간) (쓸개 담) (서로 상) (비출 조)

간과 쓸개를 드러내 보인다는 뜻으로 서로 마음을 터놓고 격의 없이 친하게 사귐을 일컫는 말이다.

궂은 일이 없을 때에는 그 사람의 신의를 가늠하기가 쉽지 않다. 평소 서로의 쓸개와 간을 꺼내 보일 정도로 터놓고 이야기하며 언제까지나 우익를 지키자고 약속하지만 친구가 어려운 처지에 있을 때 모른 척하는 사람이 많다. 한유(韓愈)는 평생 맹교(孟郊)나 가도(賈島)와 같은 좋은 친구를 많이 사귀었다. 아마도 여러 번 직면했던 곤경 덕택에 참된 우정과 그렇지 못한 것을 구별하는 능력을 익힌 결과일 것이다.

유자후 묘지명(柳子厚墓地銘)에서는 먼저 유종원(柳宗元)의 선조의 사적부터 설명하고, 그 사람됨과 재능과 정치가로서의 업적을 칭찬하고 나중에는 그 우의가 두터움을 찬양하였다.

개과천선

改過遷善

(고칠 개) (허물 과) (옮길 천) (착할 선)

지나간 허물을 뉘우치고 새롭게 착한 사람이 된다는 뜻이다.

주처(周處)의 아버지 주방(周紡)은 동오(東吳)와 파양(鄱陽)의 태수를 지냈으나 불행히도 주처가 어릴 때 세상을 떠났다. 주처는 아버지의 가르침과 보살핌을 잃은 뒤부터 점점 외곬으로 빠져 하루 종일 하릴없이 방탕한 생활을 하며 지냈다.

또 남달리 몸이 강인하고 힘도 보통 사람들은 대적하지 못할 정도여서 걸핏하면 남을 두들겨 팼기 때문에 마을 사람들은 그를 두려워하지 않는 자가 없었다.

주처가 철이 들어감에 따라 자신의 과오를 깨닫고, 지난 허물을 과감히 고쳐서 새로운 사람이 되겠다(痛改前非 重新做人 통개전비 중신주인)는 굳은 결심을 하였다.

그리하여 어느 날 마을 사람들에게 이렇게 말했다.

"지금 세상이 태평하여 모두들 의식주에 대한 걱정 없이 사는데, 왜 여러 분들은 나만 보면 얼굴을 찡그리오?"

이때 어느 대담한 마을 사람이 대답했다.

"세 가지 해로움도 제거하지 못했는데 어찌 태평을 논할 수 있겠나?"

"세 가지 해로움이라니요?" 주처는 이상히 여겨서 물었다. "남산에 있는 사나운 호랑이, 장교(長橋)에 있는 교룡(蛟龍), 그리고 주처 자네를 합하여 세 가지 해로움이라 하는 걸세."

주처는 그 사람의 말을 듣고는 더욱 바른 사람이 되어야겠다는 각오를 굳혔다. 이때부터 주처는 뜻을 세우고 글을 배웠다. 그 후 십여 년간 덕과 학문을 닦고 익혀 마침내 유명한 대학자가 되었다.

건곤일척

乾坤一擲

(하늘 건) (땅 곤) (한 일) (던질 척)

하늘과 땅을 향해 한번에 내던진다는 뜻으로 천하를 잃느냐 얻느냐, 또는 죽느냐 사느냐, 성공이냐 실패냐 등 사생 결단하는 최후의 한판 승부를 일컫는다.

진(秦)이 멸망한 뒤 천하가 통일되지 못하고 있을 때 초(楚)의 항우(項羽)와 한(漢)의 유방(劉邦)이 이곳에 선을 긋고 천하를 나누어 가졌다. 이 시는 당시를 추억한 것이다.

용 피 호 곤 할 천 원
龍疲虎困割川原 용은 피로하고 호랑이는 곤하여 천원을 나누니

억 만 창 생 성 명 존
億萬蒼生性命存 모든 백성들이 생명을 보존하였다.

_{수 권 군 왕 회 마 수}
誰勸君王回馬首　누군가가 왕에게 말머리를 돌리길 권하며

_{진 성 일 척 도 건 곤}
眞成一擲賭乾坤　진실로 천하를 건 한판의 도박을 벌였구나.

항우와 유방은 진의 타도를 위해 서로 협력하였으나 그 목적이 이루어지
자 천하의 패권을 놓고 서로 겨루게 되었다. 항우가 반란군을 토벌하고 있
는 틈에 한왕 유방이 군사를 일으켜 관중(關中) 땅을 병합해 버렸다.

결초보은

結草報恩

(맺을 결) (풀 초) (갚을 보) (은혜 은)

풀을 엮어서 은혜를 갚는다. 즉, 죽어서도 은혜를 잊지 않고 갚는다는 얘기다.

춘추시대 진(晉)나라에 위무자(魏武子)라는 사람이 있었다. 그에게는 첩이 있었으나 그 사이에 자식은 두지 않았다. 그래서 위무자는 병이 들자 아들인 과(顆)를 불러 말했다.

"반드시 다른 곳으로 시집보내도록 하여라."

그러나 병이 악화되자 이번에는 이렇게 말했다.

"죽여서 함께 묻어 달라."

아버지가 돌아가시자 위과(魏顆)는 그녀를 다른 곳으로 시집보내면서 말했다.

"병이 심해질 적에는 머리가 혼란을 일으키게 마련이다. 나는 병세가 악화되기 전의 아버님 말씀에 따르는 것이다."

그 후 선공(宣公) 15년에 진(秦)의 환공(桓公)이 전쟁을 일으켜 군대를 보씨(輔氏)에 주둔시켰다. 이 보씨의 싸움에서 위과는 진(秦)의 이름난 장수 두회를 사로잡았다. 한 노인이 두회의 발 앞에 있는 풀을 엮어 걸려 넘어지게 해서 잡을 수 있었던 것이다.

그날 밤 위과의 꿈속에 노인이 나타나서 말했다.

"나는 그대가 시집보내 준 여자의 아비 되는 사람이오. 그대가 선친의 바른 유언에 따랐기 때문에 내가 은혜를 갚은 것입니다."

경국지색

傾國之色

(기울 경) (나라 국) (갈 지) (빛 색)

한 나라를 위태롭게 할 정도의 미색이라는 뜻으로, 아름다운 여자를 이르는 말이다.

한무제(漢武帝)를 모시고 있는 이연년(李延年)이라는 자가 있었다. 음악적 재능이 풍부하고 노래와 춤으로 사람들을 감동시켰으므로 무제의 총애를 받고 있었다. 그는 황제 앞에서 춤을 추며 노래했다.

북방에 가인(佳人) 있어
절세로 단 한 사람뿐
일고(一顧)하면 성(城)을 기울게 하고
재고(再顧)하면 나라를 기울게 했다.
어찌 경성(傾城) 경국(傾國)을 모르리요마는

가인은 두 번 다시 얻기 어려우니.

무제는 노래를 듣고 나서 한숨을 내쉬며 말했다.

"아아, 세상에 그런 여인이 정말 있을까?"

무제의 누이인 평양 공주(平陽公主)가 귀엣말로 속삭였다.

"연년에게는 누이동생이 있거든요."

무제는 곧 연년의 누이동생을 불러들였다. 그녀는 더없이 예뻤고 춤도
능숙했다. 무제는 곧 그녀에게 마음이 사로잡히고 말았다. 여인에게 빠져
서 나라가 망해도 모를 만큼 된다는 뜻이다.

계륵

鷄肋

(닭 계) (갈비 륵)

닭의 갈비는 먹을 만한 살은 없지만 그냥 버리기에는 아깝다. 큰 소용은 없으나 버리기에는 아까운 사물을 이르는 말로서, 이러지도 저러지도 못하는 난처한 상황을 뜻한다.

조조(曹操)와 유비(劉備)가 한중(漢中) 땅을 차지하기 위해 싸움을 벌이게 되었다. 유비는 익주(益州)를 근거지로 요소 요소에 군사들을 배치하여 한중을 평정하고 있었다.

그러나 조조는 사전에 준비가 없었기 때문에 전투를 하는 데 많은 어려움이 따랐다. 보급이 충분하지 못하여 유비의 군대를 공격할 수도 없었고, 그대로 지키고 있기도 어려운 형편이었다.

조조가 결정을 내리지 못하자 부하들은 명령을 내려 달라고 조조에게 찾아왔다. 이때 조조는 닭갈비를 뜯고 있다가 혼자 "계륵 계륵." 하더니 아무 말이 없었다.

부하들은 아무도 조조의 말뜻을 몰랐다. 오직 양수(揚修)만이, "닭갈비는 먹을 만한 것은 없지만 버리기는 아까운 것이다. 결국 한중을 포기하기는 아깝지만 그렇다고 중요하게 생각하시는 것 같지는 않다. 아마 철수를 결정하실 것이다."라고 조조의 생각을 미리 짐작하였다.

다음날 조조는 양수의 말대로 한중에서 군대를 철수시켰다.

계명구도

鷄鳴狗盜

(닭 계) (울 명) (개 구) (훔칠 도)

닭의 울음소리를 잘 내고 개의 흉내를 잘 내서 좀도둑질을 잘한다는 뜻으로, 한 가지 기술에 능한 비천한 사람을 말한다. 또는 천한 재주나 기능도 훌륭하게 쓰일 때가 있음을 말한다.

제(齊)나라의 재상 맹상군(孟嘗君)은 비록 죄를 지은 사람이라도 남다른 재주를 가진 사람이라면 식객(食客)으로 맞아들이니, 그 수가 3천 명을 넘었다. 진(秦)나라의 소왕(昭王)은 맹상군의 명성을 듣고 그를 진나라로 초청하였다. 그런데 맹상군이 진나라에 들어가자, 소왕은 그가 다시 제나라로 돌아가지 못하도록 억류하였다. 맹상군은 소왕의 애첩에게 사람을 보내 도움을 청했다.

그러자 소왕의 애첩은 호백구(狐白裘)를 요구했다. 호백구는 여우의 겨드랑이 털로 만든 아주 귀한 털옷인데, 맹상군은 진나라에 들어올 때 이미 소왕에게 이것을 바쳤기 때문에 다시 구할 수가 없었다.

이때, 맹상군을 따라간 식객 중의 한 사람이 진나라 대궐에 들어가 개 흉내를 내며 호백구를 훔쳐 와서 소왕의 애첩에게 전해 줄 수 있었다. 호백구를 받은 애첩이 소왕에게 그를 풀어 줄 것을 애원하니, 소왕은 맹상군을 제나라로 돌아가도록 허락했다. 맹상군은 곧 말을 달려 한밤중에 국경 근처인 함곡관(函谷關)에 이르렀다.

얼마 후 맹상군을 풀어 준 것을 후회한 소왕이 군사를 보내 맹상군을 잡아오도록 하였다. 맹상군이 급히 관문을 빠져나가려고 했으나, 그곳의 법에 관문은 첫닭이 울기 전에는 열 수가 없었다.

이때 식객 중의 한 사람이 닭의 울음소리를 내자 모든 닭들이 따라 울었다. 이에 관문이 열리고 맹상군은 무사히 제나라로 돌아갈 수 있었다. 일행이 탈출한 직후 추격대가 관문에 도착했으나, 이미 떠나간 뒤였으므로 되돌아가지 않을 수 없었다.

22

고굉지신

股肱之臣

(다리 고) (팔뚝 굉) (갈 지) (신하 신)

다리와 팔뚝에 비길 만한 신하라는 뜻으로, 임금이 가장 가까이하며 신임하
는 중신(重臣)을 일컫는 말이다.

신 작 짐 고굉 이 목 여 욕 좌 우 유 민 여 익 여 욕 선 력 사 방 여 위
臣作朕股肱耳目 予欲左右有民汝翼 予欲宣力四方汝爲
(그대들과 같은 신하들이 짐의 팔다리요, 눈과 귀로다. 내가 백성들을 돕고자
하니 그대들도 힘써 도와 달라. 내가 위엄을 만천하에 떨치려 하거든 그대들
이 대신해 달라)

순임금이 신하들에게 자신을 잘 보좌하여 나랏일에 힘써 줄 것을 당부한
말이다.

고복격양

鼓服擊壤

(북 고) (배 복) (칠 격) (흙 양)

배를 두드려 박자를 맞추면서 격양놀이를 한다는 뜻으로, 백성들이 그처럼 태평할 만큼 그 시절이 평화스럽다는 뜻이다.

백발 노인 한 사람이 음식을 우물거리면서 격양놀이(옛날 중국에서 하던 유희의 하나)를 하는데, 배를 두드려 박자를 맞추면서 즐겁게 하고 있었다.

일출이작 일입이식
日出而作 日入而息 해 뜨면 일하고 해 지면 잠들며

착정이음 정전이식
鑿井而飮 町田而食 우물을 파서 마시고 밭 갈아서 먹나니

제력하유진아재
帝力何有珍我哉 임금의 덕 따위야 무엇하리요

　그 옆을 지나던 요(堯) 임금은 이 노래를 듣고 얼굴이 밝아졌다. "이제야 마음이 놓이는구나. 백성들이 아무런 불만도 없이 배를 두드리며 격양놀이 등으로 자기들의 생활을 즐기고 있으니, 이것이야말로 정치가 잘되어 가고 있다는 증거가 아닌가."하며 기뻐했다는 것이다.

고희

古稀

(옛 고) (드물 희)

예로부터 드물다는 뜻으로 70세를 고희라고 한다.

두보(杜甫)의 곡강이수(曲江二首)라는 시에 고희(古稀)라는 말이 나온다.

조회일일전춘의
朝回日日典春衣 조정에서 돌아오면 날마다 봄옷을 입고

매일강두진취귀
每日江頭盡醉歸 하루같이 강가에서 만취해 돌아온다.

주채심상행처유
酒債尋常行處有 술빚은 예사로 도처에 있고

인생칠십고래희
人生七十古來稀 인생 칠십은 예로부터 드문 것이다.

두보는 중국 당나라 때의 시인으로 소릉(少陵)이 호이다. 전란으로 가족을 잃는 등 개인적으로는 불행이 잇달았지만, 일생을 통하여 뛰어난 명시를 많이 남겼다. '고희'라는 말은 이 시의 '인생칠십고래희'의 구절에서 유래된 것이다. 예(古)로부터 드물다(稀)는 뜻에서 보기 드문 나이에 도달함을 축하하는 의미로 사용하게 되었다. 보통 70세를 가리켜 '고희'라고 한다.

곡학아세

曲學阿世

(굽을 곡) (배울 학) (아첨할 아) (세대 세)

평소에 자기 신조나 소신, 철학 등을 굽혀 시세에 아첨함을 말한다.

원고생(轅固生)은 전한(前漢) 경제(景帝) 때의 학자였는데, 무제(武帝) 때에도 다시 부름을 받게 되었다. 그러나 엉터리 학자들이 어떻게든 황제 의 뜻을 되돌리려고 원고생의 험담을 늘어놓았다. 하지만 무제는 그 중상 모략을 물리치고 원고생을 등용하였다. 원고생과 함께 공손홍(公孫弘)이 라는 소장 학자도 부름을 받았다. 공손홍은 늙어빠진 영감이라고 무시하는 눈초리로 원고생을 대했으나 원고생은 조금도 개의치 않고 이렇게 말했다.

"공손자는 부디 자기가 믿는 학설을 구부려 세상의 속물들에게 아부하지 말게나(公孫子務正學以言 無曲學以阿世)."

이 말을 들은 공손홍은 절조를 굽히지 않는 원고생의 훌륭한 인격과 풍 부한 학식에 감동되어 크게 뉘우치고 그의 제자가 되었다.

공중누각

空中樓閣

(빌 공) (가운데 중) (다락 루) (누각 각)

공중에 떠 있는 누각이라는 뜻으로 현실성이 없는 일이나 근본이 없는 이야기를 지칭하는 성어이다.

심괄(沈括)이 지은 몽계필담(夢溪筆談)에 다음과 같은 기록이 있다.

등주사면임해춘하시요견공제유성시누대지장사인위지해시
登州四面臨海春夏時遙見空際有城市樓臺之狀士人謂之海市
(등주는 사면이 바다로 둘러싸여 있는데 늦은 봄부터 여름까지 멀리 수평선 위로 누각들이 줄을 이은 도시가 보인다. 지방 사람들은 이것을 해시(海市)라고 한다)

그 후 청(淸)나라의 학자가 이 글을 다음과 같이 기록하였다.

금칭언행허구자왈공중누각용차사
今稱言行虛構者曰空中樓閣用此事

(지금 말과 행동이 허황된 사람을 가리켜 공중누각이라고 하는데 바로 이
것을 말한 것이다)

비슷한 뜻으로 사상 누각(砂上樓閣)이라는 말이 쓰이기도 하는데,
역시 겉모양은 번드르하지만 기초가 약하여 오래 가지 못하거나 실현
불가능한 일 등에 빗대어 사용한다.

관포지교

管鮑之交

(대롱 관) (절인 고기 포) (갈 지) (사귈 교)

관중(管仲)과 포숙아(鮑叔牙)의 우정처럼 서로 믿고 이해하는 친밀하고 두터운 우정이나 교우 관계를 뜻한다.

관중과 포숙아는 죽마지우였다. 처음에 둘이서 장사를 하여 이익을 나누는데 언제나 관중이 많은 몫을 차지했다. 그러나 포숙아는 그를 탐욕스럽다고 여기지 않았다. 관중의 집안이 가난한 것을 알았기 때문이다.

관중이 포숙아를 위해서 일을 할 때에 여러 번 실패를 거듭했지만, 포숙아는 관중을 어리석다고 여기지 않았다. 사람에게는 유리한 때와 불리한 때가 있음을 알았기 때문이다.

관중이 세 번 벼슬하고 세 번 모두 임금에게 쫓겨났지만 포숙아는 관중을 무능하다고 여기지 않았다. 그가 아직 때를 만나지 못한 것을 알았기 때문이다. 관중이 세 번 전쟁터에 나아가 세 번 모두 도망쳐 왔을 때에도 포숙아는 그를 겁쟁이라고 여기지 않았다. 관중에게 노모가 계신 것을 알았기 때문이다.

그 후 제(齊)나라에 내란이 일어나 관중이 모시고 있던 규(糾)와 포숙아가 모시던 소백(小白)이 왕권을 놓고 다투게 되었다. 이 싸움에서 포숙아가 모시던 소백이 승리하였으니 그가 바로 유명한 제나라 환공(桓公)이다.

환공은 왕위에 오른 후 규(糾)를 죽이고, 관중의 목을 베려 하였다. 그러나 포숙아의 설득으로 그를 용서해 주고 재상에 임명하였다.

그 후 관중은 환공을 도와 천하를 제패하였다. 포숙아의 관중에 대한 이해와 우정이 제나라를 부국강병한 국가로 만들어 천하에 이름을 알릴 수 있게 하였던 것이다.

관중은 "나를 낳아 준 분은 부모님이지만, 나를 알아준 사람은 포숙아이다."라고 했다.

세상 사람들은 관중의 현명함을 칭찬하기보다는 오히려 포숙아의 사람을 정확하게 알아보는 눈이 밝은 것을 더 칭찬하였다고 한다.

괄목상대
刮目相對
(비빌 괄) (눈 목) (서로 상) (상대 대)

얼마 동안 못 보는 사이에 상대가 깜짝 놀랄 정도로 발전하는 경우가 있으므로, 다시 만날 때는 눈을 비비고 상대를 다시 보아야 한다는 뜻이다.

오(吳)나라 손권(孫權)의 부하로 여몽(呂蒙)이라는 장수가 있었다. 매우 무식한 사람이었으나 전쟁에서 공이 많아 마침내 장군이 되었는데, 어느 날 손권이 그에게 공부를 하도록 충고했다. 얼마 후 손권의 부하 중 가장 학식이 뛰어난 노숙이 여몽을 찾아갔다. 노숙은 이야기하는 사이에 여몽의 박식함에 깜짝 놀라고 말았다.

"언제 그렇게 공부했는가? 이제 학식이 대단하니 옛날의 여몽이 아니군."
그러자 여몽은 이렇게 대꾸했다.

"선비는 헤어진 지 사흘이 지나면 눈을 비비고 다시 대할 정도로 달라져 있어야 하는 법일세."

교토사양구팽

狡兔死良狗烹

(교활할 교) (토기 토) (죽을 사) (어질 양) (개 구) (삶을 팽)

교활한 토끼가 잡히면 충실한 사냥개도 쓸모가 없어져 잡아먹게 된다는 뜻으로, 소용이 없어지자 언제 그랬냐는 듯 없애 버림을 가리킨다. 토사구팽(兎死狗烹)이라고도 함.

한(漢)나라 유방(劉邦)과 초(楚)나라 항우(項羽)와의 싸움에서 유방이 승리하는 데 큰 공을 세운 사람이 한신(韓信)이다. 천하를 통일한 유방은 한신을 초왕(楚王)으로 봉했지만 언젠가는 자신에게 도전할 것을 염려하였다. 이때, 항우의 부하였던 종리매(鐘離昧)라는 장수가 옛친구인 한신에게 몸을 의탁하고 있다는 보고가 들어왔다. 유방은 종리매를 체포하라고 명령을 내렸지만, 한신은 차마 옛친구를 배반할 수 없어 그 명령을 따르지 않았다. 도리어 그를 숨겨 주고 있었다. 이 사실을 상소한 자가 있었으므로 유방은 진평(陳平)의 책략에 따라 제후들의 군대를 소집했다. 사태가 이렇게 되자 한신은 자신에게 아무런 죄가 없다고 생각하여 자진해서 배알하려고 했다. 그러자 약삭빠른 가신이 한신에게 속삭였다.

"종리매의 목을 가지고 배알하시면 폐하도 기뻐하시리다."

옳다고 생각한 한신은 그 말을 종리매에게 했다. 그러자 종리매는 "유방이 초를 침범하지 못하는 것은 자네 밑에 내가 있기 때문이네. 그런데 자네가 나를 죽여 유방에게 보인다면 자네도 얼마 안 가서 당할 것일세. 자네는 정말 한심한 일을 생각했군. 내가 자네를 잘못 보았네. 자네는 남의 장(長)이 될 그릇이 아니군. 좋아, 내가 죽어 주지."하고는 스스로 목을 쳐 죽었다.

한신은 자결한 종리매의 목을 가지고 가서 유방에게 바치지만, 유방은 한신을 포박하게 했다. 그러자 한신은 다음과 같이 말했다. "교활한 토끼가 죽고 나면 사냥개도 잡혀 그 주인에게 먹히듯이, 온 힘을 다해 섬긴 내가 이번에는 유방의 손에 죽는구나."

그러나 유방은 한신을 죽이지 않았다. 그 대신 초왕(楚王)에서 회음후(淮陰候)로 좌천시켰기 때문에 이후로는 회음후로 불리게 되었다.

군계일학

群鷄一鶴

(무리 군) (닭 계) (한 일) (학 학)

　많은 닭 가운데 한 마리의 학이라는 뜻으로, 많은 평범한 사람 가운데 한 사
람의 뛰어난 인물이 섞여 있는 것을 비유한 말이다.

　혜소(稽紹)는 어릴 때 아버지가 무고한 죄로 죽은 후 어머니를 모시고
근신하고 있었으나, 돌아가신 아버지의 친우이며 칠현(七賢)의 한 사람인
산도(山濤)가 당시 무제(武帝)에게 상주하였다. "혜강의 아들이긴 하나 그
영특함이 춘추시대의 극결(郤缺)보다 더하면 더했지 못하지는 않습니다.
부디 부르셔서 관직에 오르게 해주십시오." 황제는 그를 비서승(秘書丞)이
란 관직에 오르게 했다. 소(紹)가 처음으로 낙양에 들어갔을 때 어떤 사람
이 칠현의 한 사람인 왕융(王戎)에게 말했다. "어제 많은 사람들 틈에서 처
음으로 소를 보았는데, 의기도 높은 것이 아주 늠름한 게 학 한 마리가 닭
무리 속으로 내려앉은 것 같았네(野鶴如在鷄群 야학여재계군)."

군자삼락

君子三樂

(군자 군) (아들 자) (석 삼) (즐거울 락)

군자의 세 가지 즐거움을 말한다.

군자유삼락이왕천하불여재언　부모구존형제무고일락야
君子有三樂而王天下不與在焉　父母俱存兄弟無故一樂也

앙불괴어천부부작어인이락야　득천하영재교육지삼락야
仰不愧於天府不炸於人二樂也　得天下英才敎育之三樂也　　「孟子」

　군자에게는 세 가지 즐거움이 있으나 천하를 다스리는 왕이 되는 것은 이 세 가지 속에 들어 있지 않다. 부모가 모두 살아 계시고 형제가 무고한 것이 첫째 즐거움이요, 하늘을 우러러 부끄러움이 없고 사람을 굽어 보아도 부끄럽지 않음이 둘째 즐거움이요, 천하의 영재를 얻어 교육하는 것이 셋째 즐거움이다.

권토중래

捲土重來

(말 권) (흙 토) (다시 중) (올 래)

한번 실패한 사람이 다시 분발하여 세력을 되찾아서 흙먼지를 날리며 다시 온다는 뜻이다.

승 패 병 가 불 가 기
勝敗兵家不可期　승패는 병가도 기할 수 없는 것

포 수 인 치 시 남 아
包羞忍恥是男兒　수치를 참을 수 있음이 바로 님아라

강 동 자 제 다 준 재
江東子弟多俊才　강동의 자제에는 준재가 많으니

권 토 중 래 미 가 지
捲土重來未可知　흙먼지를 일으키며 다시 왔으면 승패를 알 수 없을 터
　　　　　　　　인데

위의 시는 두목(杜牧)이 항우(項羽)에 대하여 읊은 시 중의 하나이다. 항우가 죽은 지 천여 년이란 세월이 지난 후 두목이 나루터에서 항우의 인품을 그리며 젊은 나이(31세)로 죽은 것을 안타까워했다.

두목의 시에는, '강동에 계시는 부모 형제들에 대한 부끄러움을 참고 견디었더라면 우수한 자제가 많은 곳이므로 만회할 가능성이 있었을지도 모르지 않는가.' 하고 항우를 애석하게 여기는 정이 배어 있다.

금상첨화

錦上添花

(비단 금) (위 상) (더할 첨) (꽃 화)

비단옷을 입은 데다가 꽃을 가진다는 뜻으로, 좋은 일에 또 좋은 일이 더해 진다는 말이다.

다음 시는 왕안석(王安石)이 만년에 정계를 떠나 은거해 살 때 지은 즉 흥시이다.

하 류 남 원 안 서 사
河流南苑岸西斜 강은 남원을 흘러 언덕 서쪽으로 기우는데

풍 유 정 광 로 유 화
風有晶光露有華 바람엔 맑은 빛이 있고 이슬에는 꽃이 있다

문 류 고 인 도 령 댁
門柳故人陶令宅 문 앞의 버들은 옛사람 도령의 집이요

정 동 전 일 총 지 가
井桐前日總持家　　우물가의 오동은 전날 총지의 집이다

가 초 욕 복 복 중 록
嘉招欲覆盃中淥　　좋은 모임에서 잔 속의 술을 비우려 하는데

여 창 잉 첨 금 상 화
麗唱仍添錦上花　　고운 노래는 비단 위에 꽃을 더한다

편 작 무 릉 준 조 객
便作武陵樽俎客　　문득 무릉의 술과 안주를 즐기는 손님이 되어

천 원 응 미 소 홍 하
川源應未少紅霞　　내의 근원에 응당 붉은 노을이 적지 않으리라

금의야행

錦衣夜行

(비단 금) (옷 의) (밤 야) (갈 행)

비단옷을 입고 밤길을 간다는 말로 아무리 출세해도 남이 인정해 주지 않음을 뜻한다.

항우(項羽)가 함양(咸陽) 입성에 성공한 후 사정에 의해 고향에 돌아가지 못함을 한탄해서 한 말이다.

부 귀 불 귀 고 향 여 의 금 야 행 수 지 문 자
富貴不歸故鄕如衣錦夜行 誰知文者
(부귀를 이루고도 고향으로 돌아가지 못하는 것은 비단옷을 입고 밤에 걷는 것과 같다. 이것을 누가 알쏘냐)

기인지우

杞人之憂

(나라이름 기) (사람 인) (갈 지) (근심 우)

기우(杞憂)라고도 함. 기(杞)나라 사람의 근심이란 뜻으로, 공연히 쓸데없이 걱정하는 것을 말한다.

기나라의 한 사람이 만약 하늘이 무너지고 땅이 꺼진다면 어떻게 할 것인가를 걱정하여 잠도 자지 못하고 밥도 목으로 넘기질 못했다. 그러자 한 친구가 찾아와 이렇게 말했다.

"하늘은 공기가 쌓인 것뿐으로 하늘이 무너진다는 걱정은 할 필요가 없네. 그리고 땅도 흙덩이가 쌓인 것뿐이라네. 그것이 사방에 꽉 차서 흙이 없는 곳은 없지. 왜 땅이 꺼지는 것을 걱정하나?"

그러자 비로소 크게 기뻐했다고 한다.

낙양지가귀

洛陽紙價貴

(물 이름 락) (볕 양) (종이 지) (값 가) (귀할 귀)

책이 세상에 널리 많이 읽힘을 일컫는 말. 진(晋)나라 좌사(左思)가 10년이나 걸려 삼도부(三都賦)를 지었을 때, 낙양 사람들이 다투어 그 글을 베꼈으므로 종이 값이 올라갔다는 고사에서 온 말이다.

삼도(三都)란 삼국시대의 세 도읍, 즉 위나라의 업, 오나라의 건업, 촉나라의 성도를 말한다. 좌사(左思)라는 사람이 좀처럼 뜻하는 지위에 나갈수 없어서 부(賦)의 형식으로 이 세 도읍의 활기찬 모습을 노래로 지어 세상의 귀족들을 깜짝 놀라게 해주고자 생각했다. 10년 후 마침내 삼도지부(三都之賦)가 완성되었다. 우수한 작품인데다가 유명한 시인이 서문을 썼기 때문에 귀족이나 부자들이 서로 다투어 삼도지부를 복사했다. 결국 마침내는 도읍지인 낙양의 종이 값이 올라가고 말았다는 것이다.

난형난제

難兄難弟

(어려울 난) (맏 형) (어려울 난) (아우 제)

누구를 형이라 하고 누구를 아우라 하기 어렵다는 뜻으로, 어느 편이 더 낫다고 말하기가 곤란한 경우에 사용하는 말이다. 「世說新話」

후한(後漢)의 진식(陳寔)은 그의 아들 진기(陳紀), 진심(陳諶)과 함께 삼군(三君)으로 불릴 정도로 부자간의 덕망이 널리 알려져 있었다.

진기의 아들인 진군(陳群)은 위문제(魏文帝) 조비(曹丕) 때 재상을 역임한 재능이 뛰어난 인물이다.

진군이 어릴 때, 진심의 아들 진충(陳忠)과 자기 아버지의 공적과 덕행을 자랑하며 논쟁을 벌였다. 두 사촌끼리 서로 자신의 부친이 훌륭하다고 주장을 해서 결말이 나지 않았다. 두 사람은 할아버지 진식에게 가서 판정을 내려 줄 것을 요구했다.

그러자 진식은 두 손자에게 자신의 두 아들에 대해 말하기를, "형인 진기도 형 되기가 어렵고, 아우도 훌륭한 형의 동생 되기가 어렵다."고 답하였다.

즉, 누가 더 훌륭하고 누가 더 못한 지 가릴 수 없다는 의미이다.

원방난위형 계방난위제
元方難爲兄 季方難爲弟

(원방도 형 되기가 어렵고 계방도 동생 되기가 어렵다)

남가일몽

南柯一夢

(남녘 남) (가지 가) (한 일) (꿈 몽)

남쪽으로 뻗은 나뭇가지 밑에서 꾼 잠깐 동안의 꿈이라는 뜻으로, 한때의
부귀와 권세는 꿈과 같다고 하여 덧없음을 비유한 말이다.

당(唐)나라 때의 일이다. 순우분(淳于棼)이라는 사람은 협객(俠客)으로
유명한데, 술을 좋아하고 사소한 일에는 신경을 쓰지 않는 성격이라 결국
장군과 충돌한 끝에 낙향하게 되었다.

순우분의 집에는 큰 느티나무가 있어 날마다 친구들과 그 그늘에서 술을
마시며 지냈다.

어느 날 순우분은 만취하여 어렴풋이 잠이 들었는데, 꿈속에서 임금 앞으
로 안내되었다. 임금은 매우 반가워하며 그를 부마로 맞이할 뜻을 비쳤다.

이윽고 순우분은 출세에 출세를 거듭하여 고관으로 임명되었고 20년 동
안 정치를 잘해서 백성들은 그를 하늘처럼 우러러보았다. 그 사이에 다섯

아들과 두 딸을 얻었는데, 아들들은 다 높은 벼슬에 오르고 딸은 왕가(王家)에 시집을 가서 잘살았다. 그런데 전쟁이 일어나 크게 패하고 아내마저 병사하자 그는 벼슬을 사임하고 서울로 돌아왔다.

그러나 서울에서는 그의 명성을 사모하여 찾아오는 귀족들이 문전성시를 이루었고 나날이 그의 세력이 커졌다. 그러자 이를 시기하여 그가 반역 음모를 꾸미고 있다고 투서를 한 사람이 있었다. 임금은 그에게 근신하도록 명령했다. 그래서 고향으로 돌아가기로 했다.

결국 눈을 뜨고는 모두가 꿈이었음을 깨달았다. 꿈으로 인해 인생의 허무함을 깨닫고, 술과 여자를 멀리하며 도술(道術)에 전념하게 되었다.

낭중지추
囊中之錐
(주머니 낭) (가운데 중) (갈 지) (송곳 추)

주머니 속에 송곳이 들어 있으면 뾰족하여 밖으로 뚫고 나오는 것처럼 재능이 있는 사람은 언젠가는 그 재능이 나타난다는 말이다.

부 현 사 지 처 세 야   수 약 추 지 처 낭 중   기 말 입 견
夫賢士之處世也 譬若錐之處囊中 其末立見

금 선 생 처 승 지 문 하 삼 년 어 차 의 승 말 유 소 문 시 건 생 무 소 유 아
今先生處勝之門下 三年於此矣 勝末有所聞是先生無所有也 「史記」
(무릇 현명한 선비가 세상에 있으면 주머니 속에 든 송곳처럼 그 끝이 즉시 나타나는 법이오. 그대는 나의 문하에 있은 지 3년이 되었지만, 내 좌우의 근신이 아직도 그대를 칭찬한 적이 없으며, 나도 그대에 관해서 들은 바가 없소)

모수(毛遂)라는 사람이 찾아와 평원군(平原君)에게 자청했다.

"인사를 뽑았으나 아직 한 사람이 모자란다고 하니 제발 제가 수행원 속에 끼어 가게 해주십시오."

평원군이 물었다.

"그대는 나의 문하에 몇 해 동안이나 있었소?"

"3년쯤 되었습니다."

"3년이 되어도 그대를 칭찬한 소문을 들은 적이 없소. 그대는 수행할 만한 능력이 없으니 단념하시오."

모수가 대답했다.

"저는 오늘 비로소 주머니 속에 넣어 주기를 청했을 뿐입니다."

평원군은 마침내 모수와 함께 가기로 했다. 열아홉 사람은 모수를 경멸하여 서로의 눈이 마주치면 비웃었다. 초에 이르는 동안 모수는 열아홉 사람과 얘기를 나눈 끝에 모두를 복종시키고야 말았다. 마침내 평원군은 모수에게서 결정적인 도움을 입어 초왕을 설득하는 데 성공하게 되었다.

누란지위
累卵之危
(포갤 루) (계란 란) (갈 지) (위험할 위)

　높이 쌓아올린 계란이란 뜻으로, 조금만 건드려도 무너지고 마는 상태. 즉, 아주 위험한 상태에 처해 있음을 말한다.

　　진 왕 지 국　위 어 누 란　득 신 즉 안　연 불 가 이 서 전 야　신 고 재 래
　　秦王之國　危於累卵　得臣則安　然不可以書傳也　臣故載來　　「史記」
　("진나라는 지금 계란을 쌓아 둔 것보다도 더 위험하다. 나를 얻으면 안전을 도모할 수 있다. 그러나 이것을 글로는 전할 수 없다."고 하는 터라 신이 데리고 왔습니다)

　전국시대 위(魏)나라에서 억울한 죄명으로 죽을 고비에서 천행으로 살아난 범저(范雎)는 장록(張祿)이라는 이름으로 행세하다가 마침 위나라를 다녀가는 진(秦)나라 사신 왕계(王季)의 도움을 받아 진나라로 망명을 하

게 되었다. 왕계는 진왕에게 위와 같이 장록이 한 말을 전하고 이렇게 간
하였다

"위나라에 장록이란 사람이 있는데 그는 천하의 뛰어난 변사(辯士)였습
니다. 그의 말을 듣는 것이 가장 현명하겠습니다."

이렇게 하여 범저는 진왕에게 원교근공(遠交近攻)의 대외정책을 진언하
는 등 크게 활약하였다.

다다익선

多多益善

(많을 다) (많을 다) (더할 익) (착할 선)

많으면 많을수록 좋다는 뜻이다.

한고조(漢高祖)인 유방(劉邦)은 천하를 통일했으나, 수하의 맹장들이 언젠가는 한나라에 위험한 존재가 되지 않을까 하고 걱정하고 있었다.

어느 날 유방은 여러 장수들의 능력에 대해 이야기하다 이렇게 말했다.

"나는 도대체 어느 정도의 군사를 거느릴 수 있겠는가?"

"글쎄요, 폐하께서는 기껏 10만 정도가 아닌가 봅니다."

"그래, 그럼 귀공은 어떤가?"

그러자 "신은 다다익선(多多益善)으로 많으면 많을수록 좋습니다."라는 대답이 있었다.

단기지교

斷機之敎

(끊을 단) (기계 기) (의 지) (가르칠 교)

짜던 베도 도중에 자르면 쓸모가 없듯이, 학업도 도중에 중단해서는 안 됨을 경계하는 말이다. 단기지계(斷機之戒)라고도 함. 「後漢書·烈女傳」

맹자가 어렸을 때 공부를 마치고 돌아오니 맹자의 어머니가 베를 짜다가 "공부가 어느 정도에 이르렀느냐?"고 물었다. 맹자가 "그만 저만 합니다." 라고 대답하니, 맹자의 어머니가 칼로 베를 끊어 버렸다. 맹자가 놀라면서 그 까닭을 물으니, "네가 학업을 그만두는 것은 내가 짜던 베를 끊어 버리는 것과 마찬가지다."라고 말했다. 그리고 "사람이 학문을 닦지 않으면 남의 심부름꾼밖에 될 것이 없다."며 타일러 보냈다고 한다. 맹자는 느낀 바 있어 아침 저녁으로 쉬지 않고 부지런히 배워서, 나중에는 천하의 이름난 학자가 되었다.

대기만성

大器晩成

(큰 대) (그릇 기) (늦을 만) (이룰 성)

큰 일이나 큰 인물은 쉽게 이루어지는 것이 아니라 고생 끝에 늦게 이루어
진다는 말이다.

　삼국시대 위(魏)나라에 최염(崔琰)이라고 하는 장수가 있었다. 목소리가
유연하고 모습은 한층 눈에 띄며 수염이 4척이나 되는 이 장수를 무제(武
帝)는 누구보다도 신임하고 친근히 여겼다.

　최염에게는 사촌인 최림(崔林)이 있었는데 친척들에게 사람 대접을 못
받는 것을 보고, "동생은 대기만성(大器晩成)형이다."라고 말하며 그의 인
물됨을 평했다.

　얼마 후 과연 최림은 천자의 고문이 되었다고 한다.　「老子」

도탄지고

塗炭之苦

(칠할 도) (숯 탄) (의 지) (괴로울 고)

　석탄 속에 빠진 온몸의 괴로움을 나타낸 말로서, 심한 고통 속에 빠져 있음을 뜻한다.

　은(殷)나라의 탕왕(湯王)은 하(夏)나라 걸왕(桀王)의 대군을 대파하고 천자의 자리에 올랐다. 탕왕의 서사(誓詞)는 서경(書經)의 탕서편(湯誓篇)으로 남아 있었는데, 걸왕과 싸워 대승하고 개선했을 때 탕왕은 제후들에게 걸왕의 무도함을 공격하여 말하되, "하늘은 재앙을 하나라에 내려 이로써 그 죄를 밝혔다."고 했다.
　걸왕의 학정을 비난한 말은 고전에 많이 보이나 그중에서도 서경의 중훼지고(仲虺之誥)에서는 "유하혼덕(有夏昏德)하여 백성이 도탄(塗炭)에 떨어지다."라고 했다. 걸왕의 학정으로 백성들이 받는 고난을 '백성이 도탄에 떨어지다.'라고 비유한 것이다.

동병상련

同病相憐

(같은 동) (앓을 병) (서로 상) (불쌍히 여길 련)

　　같은 종류의 병을 앓고 있는 사람끼리 서로를 불쌍히 여긴다는 뜻으로, 비슷한 처지에 있는 사람들이 서로를 잘 이해하고 동정한다는 말이다.

　　오(吳)나라의 강가 사람들이 부르는 노래에서 따온 말이다.

동병상련 동우상구
同病相憐 同憂相救　같은 병자는 서로를 불쌍히 여기고 같은 근심은 서
　　　　　　　　　로를 구제한다

경상지조 상수이비
驚翔之鳥 相隨而飛　놀라 나는 새는 서로 따라 날고

뇌하지수 인부구류
瀨下之水 因復俱流　여울 아래 물은 다시 함께 흐른다

「吳越春秋」

등고자비
登高自卑
(오를 등) (높을 고) (스스로 자) (낮을 비)

높은 곳에 오르려면 낮은 곳에서부터 올라가야 한다는 뜻으로, 무슨 일이든지 순서가 있어야 한다는 뜻이다.   「中庸」

군자지도 벽여행원필자이 벽여등고필자비 시왈 처자호합 여고슬금
君子之道 辟如行遠必自邇 辟如登高必自卑 詩曰 妻子好合 如鼓瑟琴

형제기흡 화락차탐 선이실가 낙이처노 자왈 부모기순의호
兄弟旣翕 和樂且耽 宜爾室家 樂爾妻孥 子曰 父母其順矣乎

(군자의 도는 비유컨대 먼 곳을 감에는 반드시 가까운 곳에서 출발함과 같으며, 높은 곳에 오름에는 반드시 낮은 곳에서 출발함과 같다. 시경에 "처자의 어울림이 거문고를 타듯 하고, 일찍부터 형제의 뜻이 맞아 즐겁고도 즐겁나니, 너의 집안 화목케 하며, 너의 처자 즐거우리라."라는 글이 있다. 공자는 이 시를 읊고서 "부모는 참 안락하시겠다."고 말했다)

등용문

登龍門

(오를 등) (용 룡) (문 문)

어려운 고비를 돌파하고 용이 되어 하늘로 올라간다는 문이다. 입신출세의
관문이라는 의미로 쓰인다.

하진(河津)은 용문(龍門)이라고 해서 물살이 매우 험한 곳이었는데 웬만
한 물고기들은 접근조차 하기 어려웠다고 한다. 이곳을 통하여 하늘에 오
르기만 하면 용이 된다는 얘기가 있다.

보통 입신양명의 길로 나서게 되는 큰 시험에 빗대어 말하기도 하고 세
력 있는 인물과의 만남에도 종종 쓰이는 말이다. 반면에 등용문에 반대되
는 말로서 점액(點額)이라는 말이 있는데, 경쟁에서 밀려난 사람이나 시험
에 떨어진 사람을 뜻한다.

마이동풍

馬耳東風

(말 마) (귀 이) (동녘 동) (바람 풍)

말의 귀를 스치는 동쪽 바람이라는 뜻으로, 다른 사람의 의견이나 충고를 전혀 듣지 않는 것을 말한다. 우이독경(牛耳讀經, 소 귀에 경 읽기)과 같은 뜻으로 쓰인다.

왕 거 일 한 야 독 작 유 회
王去一寒夜獨酌有懷

'왕거일이 추운 밤에 혼자 술을 마시고 회포에 잠기다.'라는 시에 나온다. 귀족 사이에는 사치가 만연되어 있는데 서민들의 고충을 진술해도 상대하지 않고 귀담아들어 주지 않는다는 뜻에서 나온 말이다.

만가

輓歌

(끌 만) (노래 가)

상여를 메고 갈 때 부르는 노래. 죽은 사람을 애도하며 부르는 노래를 말한다.

한고조(漢高祖)는 즉위한 후, 전횡(田橫)이 나중에 반란을 일으킬 것을 걱정하여 회유책을 쓰기로 하였다. 죄를 용서하는 대신에 낙양으로 들어와 신하 되기를 청하였다.

그러나 낙양성 밖 30리까지 왔던 전횡은 절개를 굽히고 한고조의 부하가 되는 것을 부끄럽게 여겨 자살하고 말았다. 남은 가족과 부하들도 그를 좇아 모두 자결하였는데, 사람들은 전횡의 높은 절개를 사모하는 마음에 상가(喪歌)를 지어 불렀다고 한다.

맥수지탄

麥秀之嘆

(보리 맥) (빼어날 수) (의 지) (탄식할 탄)

맥수(麥秀)란 보리가 무성하다는 뜻으로, 옛날 번영하던 도읍에 보리가 무성하게 자란 것을 보고 고국의 멸망을 탄식했다는 일화에서 비롯된 성어이다.

기자(箕子)는 주왕의 도읍으로 가던 도중 은(殷)의 옛성 근처를 지나게 되었다. 전에는 번영을 구가했던 곳이건만 이제는 옛날과 너무나 변해 버린 모습에 서글퍼져서 맥수지시(麥秀之詩)를 지어 읊었다고 한다.

맥 수 점 점 혜 화 맥 유 유 혜
麥秀漸漸兮 禾麥油油兮　옛 궁궐터에는 보리만 무성하고 벼와 기장들도
　　　　　　　　　　　　　잎이 기름지도다

피 교 동 혜 불 흥 아 호 혜
彼狡僮兮 不興我好兮　저 교동이 나의 말을 듣지 않았음이 슬프구나

맹모삼천지교

孟母三遷之敎

(맏 맹) (어머니 모) (석 삼) (옮길 천) (의 지) (가르칠 교)

　맹자(孟子)의 어머니가 맹자를 교육시키기 위해 세 번이나 이사했다는 고사에서 유래됐다. 　「後漢書·烈女傳」

　맹자 어머니가 처음 이사를 했는데, 공동 묘지 근처였다. 어린 맹자는 놀이도 상여를 메고 가는 흉내만 내는 것이었다. '여기는 자식을 기를 만한 곳이 못 되는구나.' 이런 생각을 한 맹자 어머니는 곧 시장 근처로 이사했다. 그러자 맹자는 장사하는 흉내를 내며 놀았다.
　맹자의 어머니는 여러 가지로 궁리한 끝에 학교 부근으로 이사했다. 그러자 맹자는 학생들이 공부하는 모습과 예의를 갖춰 인사하고 행동하는 광경을 흉내내며 노는 것이었다. 그 후 학교 근처에 자리를 잡고 오랫동안 살았다고 한다.

맹인모상

盲人摸象

(소경 맹) (사람 인) (더듬어 찾을 모) (코끼리 상)

장님이 코끼리를 만지는 식으로 사물의 일부만을 알면서 전체에 대한 결론을 내리는 잘못된 견해를 말한다.

옛날 인도의 어떤 왕이 신하들에게 명했다.

"코끼리 한 마리를 끌고 오시오. 그리고 장님들을 불러 코끼리를 만져 보게 하시오."

장님들이 제각기 코끼리를 만져 보고 느낀 것을 말하기 시작했다. 코끼리의 이빨을 만져 본 장님이 말했다.

"코끼리의 형상은 굵고 큰 무와 같습니다."

귀를 만져 본 다른 장님이 말했다.

"코끼리의 형상은 쌀을 까부는 키 같습니다."

발을 만져 본 장님과 코끼리의 뱃가죽을 만져 본 장님도 저마다 의견을 내놓았다.

"코끼리의 형상은 절구통과 같습니다."

"코끼리의 형상은 배가 툭 튀어나온 옹기와 같습니다."

그러자 마지막으로 코끼리의 꼬리를 만져 본 장님이 큰소리로 "천만의 말씀입니다. 모두 틀렸습니다. 코끼리의 형상은 굵은 밧줄과 꼭 같습니다." 라고 외쳤다.

이들은 각자 자기의 견해가 옳다고 고집을 피웠다. 그것은 장님들은 코끼리 전체를 만져 보지 않고 코끼리의 일부만 만져 보았기 때문에 착각한 것이다.

모수자천

毛遂自薦

(털 모) (드디어 수) (스스로 자) (천거할 천)

　모수라는 사람이 자기 스스로를 천거했다는 고사에서 나온 말이다. 남이 추천해 주지 않으니까 기다리다 못해 스스로 자청해서 나서는 것을 말한다. 부끄러움 없이 자기를 내세우는 사람을 빗대어 쓰는 말이다.

「史記・平原君列傳」

　조(趙)나라 평원군(平原君)이 진(秦)나라를 치기 위해 초(楚)나라의 협조를 얻고 조약을 맺으려고 하였다. 그래서 그 문하에 출입하는 식객 3천 명 가운데 20명을 뽑아서 초나라에 함께 가기로 하였는데, 19명을 선발하고 적당한 사람이 없어 1명을 채우지 못했다.

　이때 식객 중에 모수(毛遂)라는 자가 자신이 끼기를 청하였다.

　평원군이 이것을 보고 말했다.

　"그대는 내가 3년 동안 데리고 있었으나 장점을 하나도 발견 못했노라."

"나를 주머니 속에 넣어 주면 뾰족이 나오는 송곳처럼 나타날 것이니 일을 맡겨 주십시오."

결국 모수를 데리고 가서 회담이 성공하였다.

초왕은 모수의 위엄과 설득에 굴복하여 조나라에 구원병을 보낼 것을 약속하게 되었던 것이다. 귀국하자 모수는 상객(上客)으로 대접받았다는 고사에서 나온 말이다.

모순

矛盾

(창 모) (방패 순)

말이나 행동의 앞뒤가 서로 맞지 않는 것을 말한다.

초 인　유 매 순 여 모 자　예 지 왈　오 순 지 견　막 능 함 아
楚人에 有賣盾與矛者러니 譽之曰 吾盾之堅은 莫能陷也라 하고

우 예 기 모 왈　오 모 지 리　어 물 무 불 함 야
又譽其矛曰 吾矛之利는 於物無不陷也니라 하니

혹 왈　이 자 지 모　함 자 지 순　하 여　기 인　불 능 응 야
或曰 以子之矛로 陷子之盾이면 何如요 하니 其人이 不能應也러라.

「韓非子」

　초(楚)나라 사람 중에 방패와 창을 파는 사람이 있었는데, 방패에 대해
말하기를 "나의 방패는 굳고 단단하여 그 무엇으로도 뚫을 수 없다."하고,
또 그 창에 대해 말하기를 "이 날카로운 창이면 뚫지 못하는 것이 없다."라

고 했다.

이때 어떤 사람이 "그러면 그 창으로 그 방패를 뚫으면 어쩌겠소?"하고 물으니 그 사람이 대답을 하지 못했다. 그리고 급히 도구를 챙겨 가지고 슬그머니 사람들 속으로 모습을 숨기고 말았다.

이와 같이 어떤 말이나 행동의 이치가 서로 상반되어 조리에 닿지 않는 경우, 또는 어떤 상태나 판단이 서로 양립하지 못하는 경우에 빗대어 쓰이는 말이다.

무릉도원
武陵桃源
(군사 무) (언덕 릉) (복숭아 도) (근원 원)

속세와 동떨어진 별천지. 즉 사람들이 화목하고 행복하게 살 수 있는 이상향(理想鄕)을 말한다. 「桃花源記」

진태원(晉太元) 때 무릉인(武陵人)이라는 사람이 물고기를 잡아 생계를 유지했는데 시내를 따라가다가 길을 잃었다.

문득 복사꽃나무 숲을 만나 바라보니 양 언덕으로 수백 보에 이르도록 다른 나무는 없고 복사꽃나무만 있었다. 어부가 매우 이상하게 생각하고 앞으로 걸어나가 그 숲이 다한 곳까지 이르자, 어느 산속에 물이 솟아나는 골짜기가 나왔다. 조그마한 굴이 있었는데 꼭 빛이 보이는 것 같아 문득 배를 버리고 굴을 따라 들어가게 되었다. 처음에는 아주 좁아서 사람이 겨우 통과할 정도였는데 다시 수십 보를 걸어가니까 공간이 넓어지면서 땅이 평평하고 집들이 높게 서 있는 곳으로 나오게 되었다.

　좋은 밭과 아름다운 연못과 뽕나무, 대나무 등이 언덕에 동서남북으로 길게 뻗어 있고, 닭이 울고 개가 짖는 소리가 먼 곳에서 들리며, 사람들이 왕래하며 농사를 짓고 있었다. 사람들이 어부를 보고 크게 놀라 오게 된 경위를 묻자 사실대로 대답하고 수일 동안 융숭한 대접을 받았다.

　어부가 돌아가게 되자 "절대 밖의 사람에게 말하지 말라."고 부탁하였다. 돌아오면서 곳곳에 표시를 남기고 마을에 도착하여 태수(太守)에게 보고하니 태수가 곧 사람을 보내어 찾게 하였지만 아무도 그곳에 갈 수 없었다고 한다.

무산지몽

巫山之夢

(무당 무) (뫼 산) (의 지) (꿈 몽)

무산에서 꾼 꿈이라는 뜻으로, 남녀의 밀회나 정교를 일컫는 말이다.

 옛날 선왕이 향연을 즐기다 피로해서 잠시 낮잠을 잤다. 잠이 들자 곧 아름다운 여자가 나타났다. '누구일까?' 생각하고 있을 때 그 여자가 왕의 곁으로 다가와 말했다.

 "저는 무산(巫山)에 삽니다만 왕께서 이곳에 계시다는 말을 듣고 이렇게 찾아뵈었습니다. 모쪼록 동침하게 해주십시오."

 왕은 꿈에서나마 잠시 그 여자와 동침하였다.

 얼마 후 작별할 때가 되자 그녀는 이런 말을 남기고 사라져 버렸다.

 "저는 무산 남쪽 험준한 곳에 삽니다만, 아침에는 구름이 되어 산에 걸리고 저녁에는 비가 되어 산을 내려와 아침 저녁으로 양대(陽臺) 기슭에 있습니다."

이상한 꿈에서 깬 왕이 이튿날 아침 일찍 무산 쪽을 바라보니 꿈속에서 선녀가 말한 대로 무산에 아름다운 빛을 받은 구름이 두둥실 떠 있었다.

왕은 그 선녀를 생각하고 묘를 세워 조운묘(朝雲廟)라고 이름지었다고 한다.

이 이야기는 송옥(宋玉)의 고당부(高唐賦)에서 비롯된 것으로, 흔히 남녀의 은밀한 사귐을 지칭할 때 은유적으로 사용하는 성어이다.

문경지교

刎頸之交

(목마를 문) (목 경) (의 지) (사귈 교)

목이 잘려도 마음이 변하지 않을 만큼 친밀한 사귐을 일컫는 말로서 깊은 우정을 뜻한다. 「史記」

인상여(藺相如)는 일개 식객에 지나지 않는 신분이었으나 조왕(趙王)이 수치를 당할 때 구해 준 공으로 상경(上卿)의 자리에 임명되었다. 그러자 염파는 분개하여 말했다.

"나는 전쟁에서 큰 공을 세웠는데, 상여는 적은 공으로 나보다 위가 되었다. 그 사람은 원래 천한 놈이다. 그런 놈 밑에 있다는 것은 욕된 일이다. 상여를 만나게 되면 욕을 보여 주겠다."

이 말을 들은 상여는 염파와 만나는 것을 피했다. 상여의 부하 한 명이 비위가 거슬려 이렇게 말했다.

"지금 당신은 염장군을 무서워하고 있습니다. 너무나 비겁해서 나는 떠나겠습니다."

상여는 그 사람을 붙잡고 이렇게 말했다.

"염 장군과 진왕 중 어느쪽이 더 무서운가?"

"물론 진왕이죠."

"나는 그런 진왕을 두려워하지 않고 조정에서 진왕을 질책했을 뿐만 아니라 모든 군신들을 욕보였소. 이러한 내가 왜 염 장군을 두려워하겠소. 강국인 진이 조를 공격해 오지 않는 것은 염 장군과 내가 있기 때문이오. 두 마리 호랑이가 서로 싸운다면 그 어느 한쪽은 쓰러지게 마련이 아니오. 내가 염 장군을 피하는 것은 국가의 위급을 먼저 생각하고, 개인의 원한을 뒤로 하기 때문이다."

염파는 이 말을 전해 듣고 크게 반성했다. 그래서 염파는 상반신을 벗고 가시 막대를 짐으로써 알몸에 그 매를 받겠다는 결심을 하고 상여의 집을 찾아가서 진심으로 사과했다. 그 후 두 사람은 친구가 되어 문경지교를 맺었다고 한다.

문전성시

門前成市

(문 문) (앞 전) (이룰 성) (시가 시)

세력 있는 사람의 집 앞이 시장처럼 사람들로 붐빈다는 뜻으로, 세상 인심
의 덧없음을 보여 주는 말이다.　　「漢書의 孫寶傳」

　정숭(鄭崇)은 왕과 인척이 되는 명문 출신이다. 외척들의 횡포를 보다
못해 여러 번 애제(哀帝)에게 직언했다. 애제도 그의 간언(諫言)에 귀를
기울였다. 정숭은 애제가 동현(董賢)을 지나치게 믿는 것을 재삼 간언했으
나 애제도 그 무렵에는 이미 귀를 기울이려고 하지 않았다. 오히려 그로 인
해 죄를 얻어 힐책당할 정도였다.

　당시 조창(趙昌)이라는 사람이 있었다. 남을 고자질하여 아첨하는 인물
로 정숭을 못마땅하게 여겼던 그는 정숭이 애제에게서 소원되고 있는 것을
무척 좋아하고 있었다.

　하루는 "정숭이 무슨 음모를 꾸미려고 왕실의 여러 사람들과 내통하고

있습니다."하고 애제에게 이간질했다. 애제는 곧 정승을 불러들여 문책했다.

"그대의 집 앞은 시장터와 같다고 하더군."

힐책하는 애제의 말을 받아 정승이 말했다.

"신의 문은 시장 같아도 신의 마음은 문과 같습니다. 다시 한 번 조사해 보옵소서."

하지만 애제는 노해서 정승을 옥사시키고 말았다.

미생지신

尾生之信

(꼬리 미) (날 생) (의 지) (믿을 신)

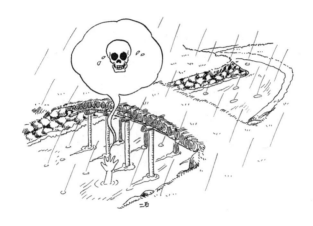

　고지식한 미생이란 사람의 믿음이란 뜻으로, 쓸데없는 약속에 구애된 나머지 임기응변이 모자라서 죽음에까지 이르게 된 것을 말한다.

　노(魯)나라에 미생(尾生)이라는 고지식하고 정직한 사람이 있었는데, 그 사나이가 개울 다리 밑에서 애인을 만나기로 약속을 했다. 그는 약속 시각에 도착해서 애인을 기다렸으나 아무리 기다려도 애인은 나타나지 않았다. 그러는 동안에 비가 많이 와서 개울물이 불어나 그는 물에 잠기게 되었다. 나중에는 물이 머리 위까지 올라와도 그곳을 떠나지 않고 있다가 결국 익사해 버리고 말았다.
　쓸데없는 약속에 구애되어 하나밖에 없는 귀한 목숨을 잃어 버렸다는 이야기이다.

발본색원

拔本塞源

(뽑을 발) (근본 본) (막을 색) (근원 원)

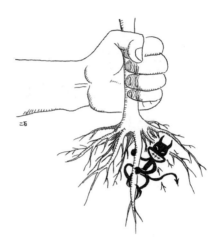

뿌리를 뽑아 근본을 막는다는 뜻으로, 나쁜 폐단을 완전히 없애는 것을 말한다.

아 재 백 부 유 의 지 유 관 면 목 수 지 유 본 원 민 인 지 유 모 주
我在伯父 猶衣之有冠冕 木水之有本源 民人之有謀主

백 부 약 렬 관 훼 면 발 본 색 원 전 기 모 주 수 계 적 기 하 유 여 일 인
伯父若裂冠毀冕 拔本塞源 專棄謀主 雖戎狄其何有余一人

(나는 백부에게 있어서 마치 옷에 갓이 있고, 나무와 물에 뿌리와 근원이 있고, 백성들에게 지도자가 있어야 하는 것과 같다. 백부가 만일 갓을 찢어 버리고 뿌리를 뽑고 근원을 막으며 지도자를 아주 버린다면 비록 저 오랑캐들이라도 나를 우습게 볼 것이다) 「春秋左氏傳」

방약무인

傍若無人

(곁 방) (같은 약) (없을 무) (사람 인)

곁에 사람이 없는 것과 같이 제멋대로 행동하는 것을 말한다.

　전국시대 위(衛)나라에 형가(荊軻)라는 사람이 있었는데, 재주가 출중했으나 조국을 떠나 다른 여러 나라를 떠도는 신세가 되었다. 그러다가 연(燕)나라에 갔을 때 악기를 잘 다루는 고점리(高漸離)라는 인물과 만나 사귀게 되었다.
　서로 뜻이 잘 맞아 매일같이 저잣거리에서 술을 마셨다. 취흥이 돌면 고점리는 악기를 꺼내어 멋지게 곡조를 뽑았고 형가도 이에 답하여 노래를 불렀다고 한다. 그러다가 심정이 처연해지면 울기도 하였는데 마치 곁에 아무도 없는 것처럼 행동하였다. 여기에서 방약무인(傍若無人)이라는 성어가 생겼다.

배수지진

背水之陣

(등 배) (물 수) (의 지) (진칠 진)

물을 등지고 진을 친다는 뜻으로, 목숨을 걸고 대처하는 경우를 비유하는 말이다.　「史記」

한(漢)나라의 한신(韓信)은 위(魏)나라를 격파하고, 여세를 몰아 조(趙)나라로 진격해 들어갔다. 조나라에서는 20만 대군을 동원하여 튼튼하게 진지를 구축하고 서로 대치하고 있었다.

한신은 조나라 군사들이 유리한 곳을 점령하고 있으므로 싸워서는 이길 수 없다고 생각해서 기발한 전략을 세웠다. 그는 기마병 2천 명을 조나라 진지 가까운 산기슭에 매복시켜 놓고, 전투가 시작되어 조나라 군사들이 출동하여 성 안이 텅 비게 되면 성 안에 들어가 조나라 깃발을 내리고 한나라 깃발을 올리도록 하였다. 그리고 만 명의 군사들에게 강물을 등지고 진을 치게 했다.

조나라 군사들은 이것을 보고 병법도 모른다고 비웃었다.

다음날 한신이 조나라 진지를 공격하자, 조나라 군대는 성문을 열고 응전해 왔다. 한신은 거짓으로 퇴각하여 배수진을 친 군사들과 합류했다.

한신이 배수진을 친 곳으로 들어간 것을 본 조나라 군사들은 성을 비워 놓고 일제히 공격해 왔다. 한신의 군사들은 더 이상 물러설 곳이 없었으므로 죽기를 각오하고 싸울 수밖에 없었다. 그 사이 매복해 있던 한나라 기병들은 조나라의 성에 들어가 조나라 깃발을 뽑아 버리고 한나라 깃발을 내걸었다.

이렇게 해서 한신의 군사들은 조나라를 망하게 했다.

백년하청

百年河清

(일백 백) (해 년) (물 하) (맑을 청)

중국의 황하는 물이 언제나 누렇게 흐려 있으며 백 년에 한 번 물이 깨끗해
질까 말까 한다고 한다. 아무리 기다려도 일이 성사되지 않는다는 뜻으로 쓰
인다.

주시유지왈 대하지청 인수기하 조운순다 직경작라
周詩有之曰 待河之清 人壽幾何 兆云詢多 職競作羅
(주나라의 시에 이르기를 황하가 맑아지기를 기다린다는 것은 한이 없어 사람
의 짧은 목숨으로는 도저히 부족하다. 점쳐서 꾀하는 일이 많으면 새가 그물
에 얽힌 듯 갈피를 잡지 못한다)

이 말은 초(楚)나라가 정(鄭)나라로 쳐들어오자, 정나라의 지도자들이
진(晉)나라의 구원을 기다리는 동안 저항을 해야 한다는 측과 싸움을 해도

패하는 것은 뻔하니까 항복하자는 측이 맞서 의견의 일치를 보지 못했다.
이때 항복을 주장하는 측의 자사(子駟)가 나서며 위와 같은 말을 했다. 즉,
어느 세월에 진나라의 구원병이 오길 기다리겠느냐는 뜻으로 황하가 맑기
를 기다리는 것과 다를 바가 없다고 말했던 것이다.

　이렇게 해서 정나라는 초나라에게 항복하여 전쟁을 면했다고 한다.

백미

白眉

(흰 백) (눈썹 미)

양 눈썹 가운데 흰 털을 지닌 사람은 여러 사람 중에서도 뛰어난 사람이라는 뜻으로 쓰인다.

촉한(蜀漢) 때의 사람인 마량(馬良)의 자는 계상(季常)이었는데 형제 다섯 사람이 모두 상(常) 자를 사용하여 자를 만들었다. 이 때문에, 세상 사람들은 이들 형제를 마씨 오상(馬氏五常)이라고 불렀다. 이 다섯 형제는 한결같이 뛰어난 재주를 가지고 있어 소문이 자자했지만, 이들 중 마량의 기량이 가장 뛰어났다. 마을 사람들은 "마씨의 오상이 모두 뛰어나지만, 그 중에서 흰 눈썹(白眉)을 지닌 마량이 가장 훌륭하다."라고 하였다.

그 후 같은 형제뿐만 아니라, 같은 연배나 분야의 사람들 중에서 가장 뛰어난 사람을 가리켜 '백미(白眉)'라고 부르게 되었다.

백아절현

伯牙絶絃

(맏 백) (상아 아) (끊을 절) (줄 현)

자기를 알아주는 참다운 벗의 죽음을 슬퍼함을 뜻한다.

춘추시대 때 백아(伯牙)라는 거문고의 명수가 있었다. 친구인 종자기(種子期)는 백아가 거문고를 타면 "좋구나, 거문고 소리여! 강물처럼 일렁이는구나."하고 기뻐해 주었다. 백아는 크게 감격하여 "아아, 정말 자네의 듣는 귀는 대단하군. 자네의 마음은 내 맘 그대로가 아닌가. 자네 앞에 나오면 나는 거문고 소리를 속일 수가 없네." 두 사람은 그만큼 마음이 맞는 친구였다. 하지만 그로부터 얼마 되지 않아 불행하게도 종자기가 병을 얻어 죽자, 백아는 거문고 줄을 끊어 버리고, 죽는 날까지 다시는 거문고를 타지 않았다. 이제 세상에는 자신의 음악을 알아주는 진정한 친구가 없었기 때문이다. 이렇게 종자기처럼 백아의 음악을 이해하고 알아주는 진정한 우정을 지음(知音)이라고 한다.   「呂覽」

분서갱유

焚書坑儒

(불사를 분) (글 서) (구덩이 갱) (선비 유)

　서적을 불태우고 선비들을 생매장한다는 말로, 백성을 탄압하는 독재자를
뜻한다.

　진시황(秦始皇)이 주연을 베풀었다. 이때 주청신(周靑臣)과 순우월(淳于
越)이 진시황 앞에서 대립된 의견을 놓고 싸웠다. 이런 태도는 임금의 권
위를 떨어뜨리고 당파를 조성하는 결과를 가져오게 되므로 이를 금해야 한
다는 주장에 의해 구체적으로 안이 만들어졌다.
　시서(詩書)를 바치게 해서 태워 없애고 구태여 시서를 말하는 사람이 있
으면 모두 끌어내다 죽였다. 또 옛날의 것을 가지고 지금의 것을 비난하는
사람은 다 처형시킨다는 내용의 안을 채택하여 실시케 했다. 이것이 분서
(焚書)이다. 또 정부를 비난하는 학자들을 5백 명이나 구덩이를 파묻어
죽였다. 이것이 갱유(坑儒)이다.

불구대천지수

不俱戴天之讐

(아닐 불) (함께 구) (받들 대) (하늘 천) (의 지) (원수 수)

함께 하늘을 같이 받들 수 없는 사이라는 뜻으로, 세상을 함께 살아갈 수 없을 정도로 원수인 사이를 일컫는 말이다.

부지수　불여공대천　형제지수　불반병　교유지수　부동국
父之讐　弗與共戴天　兄弟之讐　不反兵　交遊之讐　不同國
(어버이의 원수는 함께 하늘을 받들 수 없다. 반드시 죽여야 한다. 형제의 원수는 집에 가서 무기를 가져올 여유가 없다. 언제나 무기를 휴대하고 있다가 즉시 죽여야 한다. 친구의 원수는 나라를 같이하고 살 수 없다. 역시 죽여야 한다)

당시에는 이러한 생각이 하나의 윤리관으로 인정되고 있었다.

붕정만리

鵬程萬里

(큰새 붕) (거리 정) (일만 만) (이수 리)

상상 속의 매우 큰 새로 붕의 갈 길은 수만 리라는 뜻이다. 보통 사람으로는 생각도 못하는 원대한 희망이나 사업 계획을 비유하는 말이다.

북해(北海)에 곤(鯤)이라는 물고기가 산다는 얘기가 있다. 크기는 어마어마하게 크며 곤이 변해서 붕(鵬)이란 이름의 새가 되는데 이 새가 날면 하늘 전체를 뒤덮는 듯했고, 바람을 타고 북해 끝에서 남해 끝까지 난다고 한다.

작은 물새들은 9만 리나 나는 붕을 비웃으며 "저 붕이란 녀석은 도대체 어디까지 가려고 하는 걸까? 우리들은 멀리 날지 못해도 충분히 즐겁게 날아다니며 사는데 저 붕은 어디까지 날아갈 작정이지?"하고 말했다.

결국 소인은 군자의 위대한 마음이나 행동을 알 턱이 없다. 이것이 대인과 소인의 다른 점이다. 「莊子」

비육지탄

脾肉之嘆

(넓적다리 비) (고기 육) (의 지) (탄식할 탄)

오랫동안 말을 타지 않았기 때문에 살이 쪘다는 탄식이다. 영웅이 부질없이 세월을 보내며 공을 세우지 못함을 탄식한 말이다.

상 시 신 불 리 안　비 육 개 소　금 불 부 기　비 리 육 생
常時身不離鞍　脾肉皆消　今不復騎　脾裏肉生

일 월 여 류　노 장 지　이 공 업 부 진　시 이 비 이
日月如流　老將至　而功業不建　是以悲耳

(전에는 하루도 몸이 말 안장을 떠나지 않아 넓적다리에 도무지 살이 없더니, 이제는 오랫동안 말을 타지 않으니 살이 올랐구나. 세월은 덧없이 가건만 이 제껏 공업을 쌓지 못하였으니 이것이 슬프도다)　「三國志의 蜀志」

유비(劉備)는 조조(曹操)에게 쫓겨 전전하다가 끝내는 형주(荊州)의 유

표(劉表)에게 몸을 의탁하고 살았다.

어느 날 유표가 술자리를 마련하여 유비를 불렀다. 유비는 술을 마시다가 변소를 갔는데 무심코 넓적다리를 보니까 살이 많이 쪘다. 그러자 자신의 신세가 한심해서 저도 모르게 눈물이 나왔다.

그가 다시 자리로 돌아오자 유표가 그를 쳐다보며 물었다.

"왜 눈물은 흘렸소?"

그러자 앞에 있는 글로 대답을 대신했다고 한다.

사면초가

四面楚歌

(넉 사) (겉 면) (초나라 초) (노래 가)

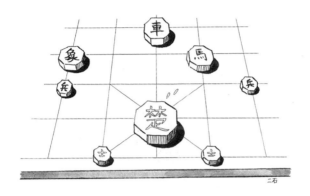

사방에서 초나라 노랫소리가 들린다는 뜻으로 적에게 완전히 포위당하여 어느 누구의 도움도 받을 수 없는 고립된 상태에 빠진 것을 말한다. 「史記」

초(楚)왕 항우(項羽)는 한신(韓信)이 지휘하는 한(漢)나라 군사에게 포위당했다. 항우의 진영은 식량도 떨어지고 군사들도 사기가 떨어지고 말았다.

이때 한나라 장량(張良)이 꾀를 내어 한밤중에 초나라 노래를 부르게 했다. 전쟁터에서 고향의 노래를 들은 초나라 군사들은 더욱 전의를 상실하게 되었다. 항우는 사방에서 초나라 노랫소리가 들리자 크게 놀랐다. '한나라가 이미 초나라를 다 차지했는가? 어찌 이렇게도 많은 초나라 사람이 있단 말이냐?' 이제는 끝장이라고 생각한 항우는 자리에서 일어나 결별연을 열었다.

항우에게 우미인(虞美人)이라는 총희(寵姬)가 있었는데 그림자같이 언

제나 곁에서 떠나지 않았다. 슬픈 감정을 누를 길이 없어 사랑하는 우미인과 마지막 노래를 불렀다.

역 발 산 금 기 개 세
力拔山今氣蓋世　힘은 산을 뽑고 기는 세상을 덮는다

시 불 리 금 추 불 서
時不利今騅不逝　때는 불리하고 추(말 이름)는 가지 않는다

추 불 서 금 가 나 하
騅不逝今可奈何　추는 가지 않으니 어찌할 것인가

우 금 우 금 나 약 하
虞今虞今奈若何　우(虞)야 우야 너는 어찌할 것인가

반복해서 몇 번 노래하자 우미인도 이별의 슬픔을 가득 담고 애절하게 따라 불렀다.

"한나라 병사들은 이미 땅을 차지해 사방은 초나라 노랫소리뿐 대왕의 의기도 다되니, 천첩이 어찌 살아 남으리요."

귀신이라도 꺾을 듯했던 항우의 얼굴에 몇 줄기 눈물이 흘러내렸다. 그날 밤 항우는 간신히 한나라 군사들의 포위를 뚫고 탈출에 성공했지만 이미 천하의 대세는 한나라의 유방에게 기울어졌고, 항우는 고향이 그리워 일단 오강(烏江)까지 달려가긴 했으나 패군지장으로서 돌아가는 것을 부끄럽게 생각하고 자결했다.

사족

蛇足

(뱀 사) (다리 족)

　화사첨족(畵蛇添足)의 준말로, 뱀을 그리는데 발까지 그려 넣는다는 뜻으로, 하지 않아도 될 일을 공연스레 하는 것, 또는 필요 이상의 일을 함을 일컫는다. 「史記, 戰國策」

　초(楚)나라의 재상인 소양(昭陽)은 위(魏)나라를 쳐서 승리하자 군대를 이동시켜 다시 제(齊)나라를 공격하려 했다. 그러자 다급해진 제나라는 진진(陳軫)을 초나라에 보내 다음과 같이 소양을 설득했다.

　"초나라에서 여러 사람이 술 한 대접을 놓고 뱀을 먼저 그린 사람이 모두 마시기로 내기를 했습니다. 그중에 한 사람이 제일 먼저 뱀을 그려 술을 마시게 되었습니다. 그는 왼손으로 술잔을 들고 오른손으로 계속 뱀의 발을 그리며, 자신은 뱀의 발도 그릴 수 있다고 자랑했습니다. 그러자 옆에 있던 사람이 뱀을 다 그리고 나서 그의 술잔을 빼앗으며, '뱀은 원래 발이 없는데 당신은 어째서 발을 그리는가.' 하고 술을 마셔 버렸습니다. 뱀의 발을 그린 사람은 끝내 술 한 방울도 마시지 못했습니다.

재상께서는 지금 위나라를 공격하여 장군들을 죽이고 여러 성을 빼앗아 명성이 이미 높아졌습니다. 그런데 또 군사를 이동시켜 제를 공격하려고 하십니다. 하지만 승리를 거두어도 관직은 현재 이상으로는 오르지 못합니다. 만약 패하면 목숨까지 잃게 되며 이러쿵저러쿵 비난을 받을 것입니다. 이래서는 뱀을 그리고 다리까지 그리는 것과 같습니다.

싸움을 중지하고 제나라에 은혜를 베푸는 편이 좋을 것입니다. 그렇게 하시는 것이 얻을 수 있는 것을 충분히 얻고, 또 잃는 것이 없는 술책입니다."

마침내 소양은 그의 말이 옳다고 여기고 군대를 철수해 돌아갔다.

살신성인

殺身成人

(죽일 살) (몸 신) (이룰 성) (사람 인)

자기 몸을 희생하여 인(仁)을 이룩한다는 뜻으로, 몸을 바쳐 올바른 도리를
행하는 것을 말한다.   「論語」

　　자 왈　지사 인 인 무구 생 이 해 인　유 살 신 이 성 인
　　子曰 志士仁人無求生以害仁 有殺身以成仁
(공자께서 말씀하시기를 "뜻이 있는 선비와 인자(仁者)는 삶을 구하여 인(仁)
을 해치는 일이 없고 몸을 죽여 인을 이루는 일은 있느니라."고 하였다)

　　지사(志士)는 굳은 뜻을 지닌 선비요, 인인(仁人)은 덕을 이룬 사람인데,
이런 사람들은 항상 인(仁)을 위해서 존재하는 것임을 강조한 말이다.

삼고초려
三顧草廬
(석 삼) (돌아볼 고) (풀 초) (오두막집 려)

　유비(劉備)가 세 번이나 오두막집으로 제갈량(諸葛亮)을 찾아갔다는 고사에서 나온 말이다. 인재를 맞아들이기 위해서 참을성 있게 교섭하고 마음 쓰는 것을 말한다.　「三國演義」

　한(漢)나라 말기에 천하가 매우 어지러웠다. 난세(亂世)였다. 유비(劉備)는 이 일을 함께 상의하고 지도를 구할 만한 인재를 찾고 있었다.
　그때 서서(徐庶)와 사마휘(司馬徽)가 학식이 풍부하고 재능이 뛰어나며 덕망이 높은 제갈공명(諸葛孔明)을 추천했다.
　유비는 예물을 들고 참모들과 와룡강(臥龍江)에 은거하고 있던 제갈공명을 찾아가 자기를 도와 한나라 왕실의 부흥을 위해 일해 줄 것을 청하려 했다. 그러나 마침 제갈공명은 외출해서 만날 수가 없었다.
　얼마 후 유비는 다시 제갈공명을 찾아갔으나 역시 집에 없었다. 유비는

할 수 없이 편지를 남겨 놓고 발길을 돌렸다.

세번째로 유비는 다시 제갈공명의 집을 찾아갔다. 이때 마침 제갈공명은 낮잠을 자고 있었다. 유비는 잠에서 깰 때까지 밖에서 기다렸다.

유비를 만난 제갈공명은 그의 정성에 감동하여 유비의 뜻에 따라 한나라 부흥을 위해 일하기로 결심했다.

상전벽해

桑田碧海

(뽕나무 상) (밭 전) (푸른 벽) (바다 해)

뽕나무 밭이 푸른 바다로 변한다는 뜻이니, 곧 세상 모습이 몰라볼 정도로 변함을 말한다.

유정지(劉廷芝)의 대비백발옹(代悲白髮翁)이라는 시에서 나온 말이다.

낙 양 성 동 도 리 화
洛陽城東桃李花 낙양성 동쪽 복숭아꽃 오얏꽃이

비 래 비 거 낙 수 가
飛來飛去落誰家 날아오고 날아가며 누구의 집에 지는고

낙 양 여 아 석 안 색
洛陽女兒惜顏色 낙양의 계집은 제 얼굴이 스스로도 아까운지

행 봉 여 아 장 탄 식
行逢女兒長嘆息 가다가 계집이 길게 한숨짓는 모습을 보다

_{금 년 화 락 안 색 개}
今年花落顔色改 올해에 꽃이 지면 얼굴은 더욱 늙으리라

_{명 년 화 개 부 수 재}
明年花開復誰在 내년에 피는 꽃은 그 누가 보려는가

_{경 문 상 전 변 성 해}
景聞桑田變成海 뽕나무밭도 푸른 바다가 된다는 것은 정말 옳은 말이다

상전변성해(桑田變成海)로 쓰고 있지만 보통 상전벽해(桑田碧海)로 쓰인다.

새옹지마

塞翁之馬

(변방 새) (할아버지 옹) (의 지) (말 마)

인간 만사의 길흉화복(吉凶禍福)은 변화무쌍하여 예측할 수가 없다는 말이다. 「淮南子 人間熏」

옛날 중국 북방 오랑캐들이 사는 호지(胡地)의 국경에 점술에 능한 할아버지가 살고 있었다. 그런데 하루는 노인이 기르던 말이 이유 없이 오랑캐 땅으로 넘어가 버렸다. 이 사실을 안 마을 사람들이 위로하자 노인은 "이것이 뜻밖의 복이 될 수도 있다."고 하였다.

몇 달 뒤 그 말은 오랑캐의 좋은 말들을 몰고 집으로 돌아왔다. 이에 마을 사람들이 축하하자 노인은 "이것이 뜻밖의 화가 될 수도 있다."고 하였다.

그 노인의 아들이 말타기를 좋아하여 오랑캐 땅에서 온 말을 타다가 떨어져 다리가 부러졌다. 마을 사람들이 위로하자 노인은 "이것이 뜻밖의 복이 될 수도 있다."고 하였다.

 과연 일년 뒤 오랑캐가 변방으로 쳐들어오자 젊은이들이 병사로 뽑혀 가서 전쟁터에서 대부분 죽음을 당했지만, 이 노인의 아들만은 절름발이였기 때문에 전쟁터에 나가지 않아 죽음을 면할 수 있었다.

 그러므로 복(福)이 화(禍)가 되고, 화가 복이 되는 것은 그 변화를 예측하기 어렵다는 얘기다.

송양지인

宋襄之仁

(송나라 송) (도울 양) (의 지) (어질 인)

송나라 양공(襄公)이 베푼 자애라는 뜻으로, 필요 없는 동정을 비유하여 쓴
다. 「春秋左氏傳」

춘추시대 송(宋)나라에서 양공(襄公)이 왕의 자리에 오르게 되었다. 즉
위하고 얼마 되지 않아 천재지변이 계속되고 전쟁이 일어났다.

양공이 인솔하는 송군(宋軍)은 초군(楚軍)과 홍수(泓水) 근처에서 싸우
게 되었다. 미처 포진(布陣)을 못한 초군이 겨우 강을 건너기 시작했다. 이
광경을 본 재상 목이(目夷)가 앞으로 나와 말했다.

"적은 우세하고 아군은 열세이니 정면으로 충돌하면 승부가 되지 않습니
다. 적이 강을 건너기 전에 공격을 가해야 합니다."

그러나 양공은 상대하지 않았다. 그 틈에 초군은 강을 건너서 진형을 정
비하기 시작했다.

　여기서 다시 목이가 공격을 진언했으나 양공은 좀처럼 공격 명령을 내리지 않았다. 전투를 해도 비겁하게 싸우지는 않겠다는 것이 양공의 생각이기 때문이었다.

　결국 적의 싸울 준비가 완료된 다음 송군은 공격을 가하기 시작했다. 결과는 참패였다. 양공 자신도 허벅다리에 화살이 꽂혀 결국 그 상처 때문에 죽고 말았다.

수구초심

首丘初心

(머리 수) (언덕 구) (처음 초) (마음 심)

고향을 그리워 하는 마음을 비유한 말이다. 「禮記 檀弓上篇」

고지인유언 왈호사정구수인야
古之人有言 曰狐死正丘首仁也
(옛사람이 이르길 여우가 죽을 때에 머리를 자기가 살던 굴 쪽으로 바르게 향하는 것은 인(仁)이라고 하였다)

여우는 구릉(丘陵)에 굴을 파고 산다고 한다. 그러다 외지에서 죽음을 맞게 되면 항상 머리를 자기가 살던 구릉 쪽으로 두고 죽는다.
죽을 때가 되면 고향으로 회귀(回歸)하려는 것이 동물의 본성이지만, 특히 여우의 경우를 들어서 이런 성어가 생겼다.

수석침류

漱石枕流

(양치질 수) (돌 석) (베개 침) (흐를 류)

침석수류(枕石漱流, 돌을 베개로 하고 냇물로 양치질함)이라고 할 것을 수석침류(漱石枕流)라고 잘못 말한 것이다. 이를 단단하게 하고 귀를 씻기 위함이라는 뜻으로 억지 변명을 하는 경우에 해당한다. 「晉書 孫楚傳」

진(晉)나라 초기 손초(孫楚)라는 사람이 있었다. 그가 젊었을 때 속세를 떠나 산중에 은신하기로 작정하고 친구에게 사신을 이야기했다. 그때 '돌을 베개 삼아 눕고 흐르는 물로 양치질한다(枕石漱流).'라고 해야 할 것을 '돌로 양치질하고 흐름을 베개 삼는다(漱石枕流).'라고 했다.

친구가 그 말을 듣고 따지자 손초는 재빨리 억지 변명을 했다.

"흐름을 베개로 한다는 것은 쓸데없는 소리를 들었을 때 귀를 씻으려고 하는 것이고, 돌로 양치질한다는 것은 이를 닦으려는 것일세."

수어지교

水魚之交

(물 수) (고기 어) (의 지) (사귈 교)

물고기가 물이 있어야 살 수 있는 것과 같이 서로 끊을래야 끊을 수 없는 친밀한 사이를 뜻한다. 깊은 교우 관계를 말한다. 「三國志 蜀志 諸葛亮傳」

선 주 여 제 갈 량　　계 사　선 지　정 호 일 밀　　관 우　　장 비 등
先主與諸葛亮으로 計事에 善之라 情好日密하니 關羽와 張飛等이

불 열　　　선 생 왈　고 지 유 공 명　유 어 지 유 수　　원 물 부 언
不悅이어늘 先生日 孤之有孔明은 猶魚之有水하니 願勿復言이어다.

(유비(劉備)가 제갈량(諸葛亮)과 일을 꾀하여서 정분이 날로 더 두터워졌다. 관우(關羽)와 장비(張飛) 등이 이것을 탐탁치 않게 생각하자 유비가 말하기를 "내게 제갈공명이 있는 것은 고기가 물을 얻은 것과 같으니 원컨대 그대들은 다시는 말을 하지 말라."고 하였다)

수주대토

守株待兎

(지킬 수) (그루터기 주) (기다릴 대) (토끼 토)

밭에 있는 그루터기를 지키며 토끼가 나오기만을 기다린다는 뜻으로, 어떤 일에 집착하여 융통성이 없는 것을 말한 것이다. 「韓非子」

한 송(宋)나라 사람이 밭을 갈고 있었다. 밭 가운데 그루터기가 있었는데, 토끼가 달리다가 그루터기에 부딪혀서 목이 부러져 죽었다. 이 일로 말미암아 밭 갈던 쟁기를 놓아 버리고, 그루터기를 지키면서 다시 토끼를 잡으려고 했으나 다시는 토끼를 얻을 수 없었고, 자신은 세상의 웃음거리가 되었다.

* 한비자(韓非子) : 전국시대의 사상가로, 법가(法家)의 이론을 정립했으며, 특히 탁월한 비유로 유명하다.

순망치한

脣亡齒寒
(입술 순) (없을 망) (이 치) (추울 한)

사람의 입술이 없으면 이가 시리다는 말로, 한쪽이 망하면 한쪽도 같은 운명에 처하게 됨을 비유해서 일컫는다. 「春秋左氏傳 僖公」

춘추시대 진헌공(晉獻公)은 전부터 괵나라를 치려고 했으나 그러려면 우(虞)나라를 지나야만 했다. 그래서 많은 뇌물을 보내어 진(晉)나라와 우(虞)나라의 우의를 약속하며 길을 비켜 줄 것을 청했다.

우공은 많은 뇌물과 감언에 솔깃하여 청을 받아들이려 하였다. 그러자 궁지기(宮之奇)라는 현명한 신하가 이를 말리며 우공에게 충고했다.

"괵나라는 우리 우나라와 한몸과 같으므로 괵나라가 망하면 우리도 망할 것입니다. 속담에도 덧방나무와 수레는 서로가 의지하고 입술이 없으면 이가 시리다고 하는 말이 있습니다. 바로 우리 나라와 괵나라를 두고 한 말입니다. 원수라고도 생각할 수 있는 진(晉)나라 군사들이 우리 나라를 통과

하게 해서는 안 됩니다."

　이렇게 설득을 해도 뇌물에 눈이 어두워진 우공은 듣지 않았다. 결국 궁지기는 화가 미칠 것이 두려워 일족을 이끌고 우나라에서 떠났다. 과연 얼마 안 되어 진나라는 괵나라를 공격하여 승리를 거두었고, 나중에는 우나라까지 공격해 들어왔다. 우공은 포로 신세가 되었고 궁지기의 말을 듣지 않았던 자신의 어리석음을 자책했지만, 이미 사태는 돌이킬 수 없었다.

양두구육

羊頭狗肉

(양 양) (머리 두) (개 구) (고기 육)

양의 머리를 걸어 놓고 안에서는 개고기를 판다는 것으로, 겉은 그럴 듯하고 보기 좋으나 속은 허술한 경우에 사용한다.   「恒言錄 晏子春秋」

춘추시대의 제영공(齊靈公)은 묘령의 여자에게 남장을 시켜 놓고 즐기는 이상한 취미를 가지고 있었다. 그러니까 민간에까지 남장을 하는 여자들이 많이 있었다.

이 소문을 들은 제영공은 백성들이 임금의 흉내를 낸다고 해서 남장을 금지하라는 명령을 엄하게 내렸다. 그러나 그러한 유행은 사라지지 않았다. 그 이유를 제영공은 안자(晏子)에게 물었다. 그러자 안자는 이렇게 대답했다.

"임금께서 그러한 취미를 가지고 계시는데 백성들에게 금지하는 것은 잘못입니다. 이것은 양의 머리를 문에다 걸어 놓고 안에서는 개고기를 파는 것과 같습니다."

이 말을 들은 제영공은 곧 궁중에서도 남장을 금했다. 그랬더니 즉시 제
나라 전체에 남장한 여자가 없어지게 되었다는 이야기다. 쇠머리를 문에
걸어 놓고 말고기를 판다고 해도 같은 뜻이다.

양상군자

梁上君子

(대들보 양) (위 상) (군자 군) (아들 자)

대들보 위의 군자라는 뜻으로, 도둑을 일컫는 말이다. 또 천장의 쥐를 말할
때도 사용한다.　「後漢書 陳寔傳」

진식(陳寔)의 자는 중궁(仲弓)이었다. 일찍이 현리(縣吏)의 자리에 있었
는데 뜻이 있어 글을 좋아하므로 현령(縣令)이 이를 기특하게 여기어 태학
(太學)에서 공부하게 하였다. 나중에는 태구장(太丘長)의 자리에까지 올랐
다. 그런데 어느 날 밤 도둑이 그의 방에 들어와서 들보 위에 앉아 있었다.
진식이 슬쩍 눈치채고는 자손들을 불러 놓고 이를 훈계하여 말하되, "무릇
착하지 못한 사람은 본래 악한 것이 아니라, 버릇이 성격으로 변하여 여기
에 이른 것이다. 양상 군자가 이것이니라."고 하였다. 도둑이 크게 놀라 제
발로 내려와서 고개를 숙이고 용서를 비니, "그대의 모습을 보니 악한 사람
같지 않다. 분명 가난 때문일 것이다."라고 말하며 비단 두 필을 주었다.

어부지리

漁父之利

(고기잡을 어) (아버지 부) (의 지) (이로울 리)

황새와 조개가 서로 싸우는 바람에 어부가 둘 다 잡아 이익을 보았다는 뜻
이다. 두 사람이 이해 관계로 서로 다투는 사이에 제삼자가 이득을 보는 경우
를 빗대어 말한 것이다.　「戰國策」

　전국시대의 연(燕)은 중국 북동부에 위치하면서 서쪽으로는 조(趙), 남
쪽으로는 제(齊)와 접하고 있었으므로, 끊임없이 침략의 위협을 느끼고 있
었다. 조나라가 연나라를 치려 하자 소대(蘇代)가 연나라를 위하여 조나라
의 혜왕(惠王)에게 말했다.
　"오늘 제가 오다가 역수(易水)를 지나려니 조개가 마침 나와서 볕을 쬐
는데 황새가 그 조개를 쪼았습니다. 조개가 입을 다물어 황새의 부리를 물
자 황새가 말하기를, '오늘도 비가 오지 않고 내일도 비가 오지 않으면 너
에게는 죽음이 있을 뿐이다.'라고 하니, 조개도 황새에게 '오늘도 못 빼내

고 내일도 못 빼내면, 황새 너에게도 죽음이 있을 뿐이다.'라고 했습니다.
둘이 서로 놓으려 하지 않으니 어부가 둘을 함께 잡아갔습니다. 지금 조나
라가 연나라를 쳐서 조나라와 연나라가 서로 오랫동안 싸우다가 백성들이
피폐하게 되면, 저는 강한 진(秦)나라가 어부가 될까 걱정됩니다. 원컨대
왕께서는 깊이 생각하소서."

혜왕은 이 말을 듣고 연나라 침공을 포기했다.

연목구어
緣木求魚
(인연 연) (나무 목) (구할 구) (고기 어)

나무에 올라가서 물고기를 구한다는 뜻으로, 도저히 불가능한 일을 하려 함을 비유하는 말이다. 「孟子 梁惠王上」

제(齊)나라의 선왕(宣王)이 춘추시대의 패자였던 제의 환공(桓公)과 진(晋)의 문공(文公)의 패업을 듣고 싶어하자 맹자가 물었다.
"왕께서는 전쟁을 일으켜 백성의 생명을 위태롭게 하고 이웃 나라와 원한을 맺는 것이 좋습니까?"
왕이 웃으며 말하지 않자 맹자가 말했다.

연 즉 왕 지 소 대 욕 가 지 기 욕 벽 토 지 조 진 초 이 중 국 이 무 사 이 야
然則王之所大欲 可知己 欲辟土地朝秦楚 莅中國而撫四夷也

이약소위 구부소욕 유연목이구어야
以若所爲 求茉所欲 猶緣木而求魚也

(그래서 왕께서 크게 하고자 하시는 바를 이미 다 알겠습니다. 영토를 확장하여 진(秦)이나 초(楚) 같은 대국이 인사를 드리러 오게 하고, 중국 진토를 지배해서 사방의 오랑캐들을 그런 무력적인 방법으로 거느리려고 하시는 것이지요. 하나, 그것은 마치 나무에 올라가 물고기를 얻고자 하는 것과 같습니다)

왕이 놀라며 물었다.
"그토록 무리란 말입니까?"
맹자가 대답하였다.
"예, 나무에 올라가 물고기를 잡으려는 것보다 더 무리입니다."

오십보백보

五十步百步

(다섯 오) (열 십) (걸음 보) (일백 백) (걸음 보)

오십 보를 도망친 자나 백 보를 도망친 자나 모두 비겁한 것은 같다. 외면상 약간의 차이가 있더라도 본질은 같다는 말이다.　「孟子 梁惠王篇」

　양혜왕(梁惠王)이 맹자(孟子)에게 다음과 같은 질문을 했다.

　"저는 우리 나라를 다스리는 데 전력을 다하고 있습니다. 하내(河內)에 흉년이 들면 하동(河東)의 곡식을 옮겨다 줍니다. 그리고 하동에 흉년이 들어도 또한 그렇게 합니다. 다른 나라는 저처럼 하지 못하는데 어째서 우리 나라의 백성이 더 늘어나지 않습니까?"

　그러자 맹자는 이렇게 대답했다.

　"왕께서 전쟁을 좋아하시니 전쟁으로 비유하겠습니다. 전쟁터에서 서로 격전을 벌이고자 개전을 알리는 북소리가 우렁차게 울렸다고 합시다. 싸움이 시작되었습니다. 그때 어떤 병사가 겁을 먹고 갑옷과 투구를 벗어 던지고 창을 끌면서 도망쳤습니다. 그리하여 백 보쯤 가서 섰습니다. 그러자 뒤따라 도망쳤던 자가 오십 보에서 멈춰 서더니 백 보를 도망친 자에게 겁 쟁이라며 비웃었다고 하면 어떻겠습니까?"

"오십 보나 백 보나 도망치기는 마찬가지가 아니오?"

"왕께서 그것을 아신다면 인접 국가보다 백성이 많아지기를 바라지 마십 시오."

결국 인접국의 정치나 양혜왕의 정치나 맹자의 왕도(王道)에서 보면 아 무리 백성을 생각한다 해도 역시 오십 보 백 보의 차이라고 말한 것이다.

오월동주

吳越同舟

(오나라 오) (월나라 월) (같을 동) (배 주)

① 사이가 좋지 못한 사람이 한자리에 동석하게 되는 경우를 말한다.
② 아무리 원수지간이라도 한 배에 탄 이상 목적지에 도착할 때까지 서로 협력하게 된다는 뜻이다.   「孫子」

손자(孫子)는 다음과 같이 말했다. "오나라 사람과 월나라 사람은 서로 미워한다. 그러나 그들이 같은 배를 타고 가다가 폭풍을 만나게 되면, 위험에서 벗어나기 위해 서로 돕는 것이 마치 좌우의 손이 서로 협력하는 것과 같다."

이 말은 원수처럼 서로 미워하는 사람들도 죽음 직전에 놓이게 되면 어쩔 수 없이 서로 힘을 합해 같이 노력한다는 뜻이다. 요즘은 이런 본뜻과는 달리 사이가 나쁜 사람끼리 한자리에 있는 경우에 더 많이 쓰인다.

오합지중

烏合之衆

(까마귀 오) (모일 합) (의 지) (무리 중)

까마귀가 모인 것같이 질서가 없고 규칙이 없는 군중을 일컫는다. 어중이 떠중이의 모임을 가리키며 오합지졸(烏合之卒)이라고도 한다.

전한(前漢) 말엽 유수(劉秀)가 군사를 일으켜 왕망(王莽)을 몰아내고 경제(景帝)의 자손인 유현(劉玄)을 황제로 삼아 다시 한(漢)의 세상으로 되돌려 놓았다.

그러나 천하가 조용해진 것은 아니었다. 그중 왕랑이란 자가 스스로 천자라 칭하고 군사를 일으켰는데, 그 기세가 대단했으므로 다음해 유수는 군대를 이끌고 정벌에 나섰다.

그러자 손창(孫倉)과 위포(衛包)가 왕랑을 두둔하고 나섰다. 유수의 인격을 흠모해서 부하가 된 경감(耿弇)이 참다 못해 입을 열었다.

"왕랑이란 본래 이름도 없는 도적인데 황제의 이름을 사칭하여 난을 일으킨 것입니다. 제가 장안에 들어가 군대를 이끌고 태원(太原), 대군(代郡) 방면으로 나아가 오합지중인 왕랑의 군사를 친다면 썩은 나무를 쓰러뜨리 듯이 왕랑을 포로로 잡게 될 것입니다."

경감은 유수를 도와 많은 무공을 세우고 후에 건의대장군(建儀大將軍)에 임명되었다고 한다.

온고이지신

溫故而知新

(따뜻할 온) (옛 고) (말 이을 이) (알 지) (새 신)

옛것을 익혀서 새것을 안다는 말로, 온고지신(溫故知新)으로 줄여서 쓰는 경우가 많다. 「論語 爲政篇」

온고이지신 가이위사의
溫故而知新 可以爲師矣
(옛것을 되새길 줄 알고 새것을 살필 줄 알면 능히 남의 스승이 됨직하다)

고전의 근본 정신을 잘 알아서 새 지식을 바르게 인식하면 스승이 될 수 있다. 그러니 학문을 그런 방법으로 섭취해야 참다운 학문을 닦을 수 있다는 말이다.

臥薪嘗膽
(누울 와) (섶 신) (맛볼 상) (쓸개 담)

섶에 누워서 쓸개를 맛본다는 뜻으로, 원수를 갚기 위하여 괴로움을 참고 견디어 심신을 단련함을 비유한 말이다. 「十八史略」

주경왕(周敬王) 24년 오(吳)나라 왕 합려(闔閭)는 군사를 이끌고 월(越) 나라로 쳐들어 갔다가, 월나라 왕 구천(句踐)에게 패하여 죽었다. 그는 죽 기 직전 아들인 부차(夫差)에게 복수를 부탁하였다.

그 후 부차는 땔나무 위에서 자며, 자기 방을 출입하는 사람들에게 "부차 야! 월나라 사람이 너의 아버지를 죽인 것을 잊었느냐!"라고 외치게 했다.

월나라 왕 구천은 부차의 결심을 듣고 기선을 제압하려고 오나라에 쳐들 어 갔으나 부차에게 패했다. 그는 오천 명의 군사를 거느리고 간신히 회계 산으로 달아났지만, 부차에게 신하가 되기로 약조하고 굴욕적으로 항복을 하게 되었다.

온갖 모욕을 겪고 월나라로 돌아온 구천은 옆에 항상 곰의 쓸개를 달아두었다. 그리고 이 쓸개를 핥으며, "너는 회계산의 치욕을 잊었느냐."하고 마음속으로 복수를 다짐했다.

그 후 월나라를 부강하게 만든 구천은 다시 오나라를 공격하였다. 자만에 빠진 오나라 왕 부차는 결국 월나라와의 전쟁에서 크게 패하여 자살했다. 이렇게 하여 구천은 오를 대신해서 천하의 패자가 되었다.

와신상담은 오나라 왕 부차의 와신(臥薪)과 월나라 왕 구천의 상담(嘗膽)이 합쳐진 것이다.

용두사미

龍頭蛇尾

(용 룡) (머리 두) (뱀 사) (꼬리 미)

제대로 완결짓지 못하고 흐지부지하는 경우를 가리킨다.　「碧巖集」

　진존자는 도를 깨친 중이었는데 여기저기 유랑하다가 어떤 중을 만나 서로 말을 주고 받게 되었다. 그런데 이야기 도중에 갑자기 상대가 "예잇!"하고 호령을 하는 것이었다. 그 중의 재치 있는 태도와 말재간은 제법 도를 닦은 도승처럼 보였다. 그러나 진존자는 '이 중이 얼른 보기에 그럴 듯하게 보이기는 한데 역시 참으로 도를 깨우치지는 못한 것 같다. 모르긴 해도 한갓 용의 머리에 뱀의 꼬리이기 쉬울 것 같다(似則似 是則未是 只恐龍頭蛇尾).'고 생각했다. 그래서 중에게 물었다.

　"그대는 호령하는 위세는 좋은데, 소리를 외친 뒤에는 무엇으로 어떻게 그 마무리를 지을 생각인가?"

　그러자 중은 그만 뱀의 꼬리를 내보이는 것처럼 도망치고 말았다고 한다.

우공이산

愚公移山

(어리석을 우) (벼슬 공) (옮길 이) (뫼 산)

　　우공이 산을 옮긴다는 말로, 남이 보기엔 어리석은 일처럼 보이지만 한 가지 일을 끝까지 밀고 나가면 언젠가는 목적을 달성하게 된다는 말이다.

「列子」

　　태행산(太行山)은 둘레가 칠백 리나 되고 높이가 만 길이나 되는 커다란 산으로, 원래는 기주(冀州) 남쪽, 하양(河陽) 북쪽에 있었다. 우공(愚公)은 나이가 아흔 가까이 된 노인이었다.

　　그는 이 태행산이 앞을 가로막고 있었기 때문에 나다니기가 몹시 불편하였다. 그래서 가족들과 함께 힘을 모아 이 산을 옮기기로 했다. 그는 아들 손자와 함께 산을 허물고 돌을 깨서 삼태기에 담아 발해(渤海)까지 가서 버리고 왔는데, 한 번 갔다 오는데 일년이 걸렸다고 한다.

　　하곡(河曲)에 사는 지수(智叟)라는 노인이 이 광경을 보고 말했다.

"살 날도 얼마 남지 않은 사람이 그 약한 힘으로 어떻게 많은 돌과 흙을 운반하려 하는가?"

그러자 우공이 "당신은 어찌 그렇게 소견이 좁은가? 내가 죽더라도 나에게는 자식이 남아 있고, 그 자식이 손자를 낳고, 그 손자가 다시 자식을 낳지 않는가? 이렇게 우리는 자자손손 대를 이어가지만, 산은 결코 불어나는 일이 없네. 그러니 언젠가는 산이 평평해질 날이 있을 것일세."라고 말했다. 지수는 아무 말도 하지 못했다.

산신령은 이 말을 듣고 우공의 말대로 산이 없어질까 겁이 났다. 그래서 옥황상제에게 이를 말려 달라고 호소했다. 그러나 옥황상제는 우공의 정성에 감동하여 지금의 자리로 태행산을 옮겨 주었다.

유비무환

有備無患

(있을 유) (갖출 비) (없을 무) (근심 환)

사전에 준비가 갖추어져 있으면 뒷걱정이 없다는 말이다.

「書經 春秋左氏傳」

　어느 해 정나라가 출병하여 송나라를 침략하자 송나라에서는 나라의 위급함을 진나라에 알리고 구원을 청했다. 진의 도승은 즉시 노(魯)·제(齊)·조(曹)나라 등 12개국에 이 사실을 알려 연합군을 편성하여 위강의 지휘로 정나라 도성을 둘러싸고는 송나라에 대한 침략 야욕을 버리라고 으름장을 놓았다. 그러자 정나라는 속수무책이었으므로, 송·진·제 등의 12개국과 불가침 화해 조약을 맺고 말았다.
　초나라는 정나라가 북방으로 기울어진 것을 보고는 못마땅하여 여겨 군대를 풀어 정나라를 침공했다. 초나라 군대의 강대함을 안 정나라는 도저히 이길 수 없음을 알고 할 수 없이 초나라와도 맹약을 체결했다.

정나라의 이러한 태도에 대해 북방 12개국의 불만은 이만저만이 아니었다. 그리하여 북방 12개국에서는 또 연합군을 파견하여 정나라를 쳤다.

힘이 부친 정나라는 화친(和親)을 청했고 진이 응해 주자 그에 대한 감사의 뜻으로 수많은 보물을 선물로 보냈으나 위강은 완강히 거부하면서 이렇게 말했다.

"편안히 지낼 때에는 항상 위태로움을 생각하여야 하고 위태로움을 생각하게 되면 항상 준비가 있어야 하며 충분한 준비가 되어 있으면 근심과 재난이 없을 것입니다(居安思危 思則有備 有備則無患 거안사위 사즉유비 유비즉무환)."

이 말을 들은 도공은 위강의 넓은 식견에 새삼 탄복했다고 한다.

이하부정관

李下不整冠

(오얏나무 이) (아래 하) (아닐 불) (정돈할 정) (갓 관)

과전불납리 이하부정관(瓜田不納履 李下不整冠)

오이가 익은 밭에서 신발을 바꾸어 신으면 마치 오이를 도둑질하는 것같이 보이고, 오얏이 익은 나무 밑에서 손을 들어 관을 고치면 오얏을 따는 것같이 보이므로, 그렇듯 남에게 의심받을 짓은 삼가하라는 뜻이다.　「烈女傳」

전국시대 제(齊)나라는 위왕(威王)이 왕위에 있었으나 국정은 영신(佞臣)인 주파호(周破胡)가 실권을 쥐고 있었다.

위왕의 후궁 중에 우희(虞姬)라는 여자가 있어 주파호의 비행을 왕에게 호소했다. 주파호는 그 사실을 알고 우희를 모함하고자 우희와 북곽 선생의 사이가 수상하다고 떠들어댔다. 왕은 우희를 불러 사실 여부를 물었다.

"저는 오랫동안 진심으로 왕을 위해 힘을 다했습니다만 지금 이렇게 간사한 자의 모함에 휘말리고 말았습니다. 제가 결백하다는 것은 명백합니

다. 만약 제게 죄가 있다면 그것은 과전불납리(瓜田不納履)하고 이하부정
관(李下不整冠)하라는 말처럼 의심받을 일을 피하지 않았던 점이 큰 실수
였습니다."

우희가 진심으로 이렇게 충언하자 위왕은 깨달은 바가 있어서, 주파호를
죽이고 내정을 바로잡았으므로 제나라는 크게 안정이 되었다.

일각천금

一刻千金

(한 일) (시각 각) (일천 천) (쇠 금)

짧은 시간이라도 천금의 값어치가 있을 정도로 귀중하다는 뜻이다.

「蘇東坡의 春夜行」

춘 소 일 각 치 천 금
春宵一刻値千金　봄날 달밤의 한때는 천금의 값어치가 있네

화 유 청 향 월 유 음
花有淸香月有陰　꽃에는 맑은 향기가 있고 달은 흐려져 있네

가 관 루 대 성 적 적
歌管樓臺聲寂寂　노래부르고 피리 불던 누대도 소리 없이 적적하네

추 천 원 낙 아 침 침
鞦韆院落夜沈沈　그네가 걸려 있는 안뜰은 밤만 깊어 가누나

전전긍긍

戰戰兢兢

(싸울 전) (싸울 전) (조심할 긍) (조심할 긍)

겁을 먹고 벌벌 떨며 몸을 움츠리는 모습을 말한다.

불감폭호 불감풍하
不敢暴虎 不敢馮河　맨손으로는 호랑이를 잡을 수 없고 걸어서는 황하를 건널 수 없네

인지기일 막지기타
人知其一 莫知其他　사람들이 그 한 가지는 알고 있으나 다른 것은 아무 것도 모르고 있네

전전긍긍 여임심연
戰戰兢兢 如臨深淵　생각하면 언제나 벌벌 떨면서 깊고 깊은 못가에 임하는 심정

여리박빙
如履薄氷　엷디 엷은 살얼음 위를 걷는 듯하네

조삼모사

朝三暮四

(아침 조) (석 삼) (저물 모) (넉 사)

간사한 꾀로 남을 속이고 농락하는 것을 말한다.　「列子」

　　송(宋)나라에 저공(狙公)이라는 사람이 살았는데 원숭이를 좋아하여 원숭이를 기르고 있었다. 그는 원숭이와 서로 뜻이 통할 정도로 원숭이를 아끼고 사랑했지만, 원숭이의 숫자가 점점 많아지자 어쩔 수 없이 이들의 식량을 제한해야만 했다. 그래서 먼저 원숭이에게 "너희들에게 도토리를 아침에 세 개 주고 저녁에 네 개 주면 어떻겠는가?"라고 하자, 모든 원숭이들이 일어나 화를 냈다. 저공은 바로 이어 "그렇다면 아침에 네 개 주고 저녁에 세 개 주면 어떻겠는가?"라고 하자 원숭이들은 모두 뛸 듯이 좋아했다.
　　열자는 다음과 같이 결론짓고 있다. "지자(智者)가 우자(愚者)를 농락하고, 성인이 중인을 농락하는 것도 저공이 지(智)로 원숭이들을 농락하는 것과 같다."

지록위마

指鹿爲馬

(손가락 지) (사슴 록) (할 위) (말 마)

사슴을 보고 말이라고 우긴다는 뜻으로, ① 윗사람을 농락하여 권세를 마음대로 휘두르는 것과, ② 모순된 것을 끝까지 우겨 남을 속임을 말한다.

진시황 27년 7월 시황제는 순행 도중 사구(沙丘)의 평대(平臺)에서 죽었다. 시황은 죽기에 앞서 만리장성에 가 있는 태자 부소(扶蘇)를 불러 장례식을 치르게 하라는 조서를 남겼다.

그 후 진나라는 승상 조고(趙高)가 권력을 장악하여, 왕은 단지 허수아비에 불과했다. 조고는 진시황의 아들인 부소를 죽이고, 둘째 아들인 호해(胡亥)를 왕으로 세울 정도로 막강한 권력을 휘둘렀다.

그는 여러 신하들 중에 자기편 사람이 누군지 분명하게 알고 싶어했다. 그래서 어느 날 사슴 한 마리를 왕에게 바치면서 "말입니다."라고 했다.

왕은 어이가 없어 웃으며 "승상이 잘못 알았소. 사슴을 어째서 말이라고 하오."라고 했다. 왕은 답답하여 주위에 있던 여러 신하들에게 직접 물어보았다. 그러자 어떤 신하는 대답을 못하고, 어떤 신하는 사슴이라고 사실대로 대답했다.

조고는 이제 자신을 편들어 주는 신하와 자신을 반대하는 신하가 누구인지를 확실하게 알게 되었다. 그는 뒤에 사슴이라고 대답한 신하들을 모두 법에 걸어 죽여 버렸다.

그 뒤로 신하들은 모두 조고를 두려워하여 아무도 그의 잘못을 사실대로 말하는 자가 없었다. 이처럼 조고가 권력을 한손에 잡고 마음대로 휘두르던 진나라는 결국 진시황이 천하를 통일한지 얼마 되지 않아 국운이 쇠하였다.

청출어람

靑出於藍
(푸를 청) (날 출) (어조사 어) (쪽 람)

푸른 빛이 쪽에서 나왔으나 쪽보다 더 푸르다는 뜻으로 제자가 스승보다 낫다는 말이다.

학 불 가 이 이 청 출 어 람 이 청 어 람 빙 수 위 지 이 한 어 수
學不可以已 靑出於藍而靑於藍 氷水爲之而寒於水
(학문이란 잠시도 쉬어서는 안 된다. 푸른색은 쪽에서 나왔지만 쪽보다 더 푸르고 얼음은 물이 만들지만 물보다 더 차다)

스승에게서 배우기는 하지만 스승보다 더 훌륭한 사람이 될 수 있으며 더 깊고 높은 학문과 덕을 갖게 된다는 뜻이다. 「荀子 勸學篇」

타산지석

他山之石

(다른 타) (뫼 산) (의 지) (돌 석)

타인 소유의 산에서 나온 돌을 가지고 옥을 갈 수 있다는 뜻으로, 군자도 소인의 행동을 보고 수양과 학식을 쌓을 수 있다는 말이다.   「詩經」

아래의 시는 선왕이 초야에 있는 현자를 구하여 타산지석으로 삼도록 하기 위해 지었다고 한다.

학 명 우 구 고
鶴鳴于九皐   학이 깊은 산속의 울어도

성 문 우 천
聲聞于天   그 소리는 하늘까지 울려 퍼진다

어 재 우 저
魚在于渚   물가에 나가 노는 물고기라도

혹 잠 재 연
或潛在淵　때로는 연못 깊이 숨기도 한다

낙 피 지 원
樂彼之園　즐거운 저기 저 동산 위에는

원 유 수 단
爰有樹檀　의지하고 쉴 한 그루의 향목은 있어도

기 하 유 곡
其下維穀　그 밑에 나쁜 나무만 있어 그렇게 안 된다

타 인 지 석
他人之石　다른 사람 산의 몹쓸 돌이지만

가 이 공 옥
可以攻玉　구슬은 그것으로 갈아서 빛이 난다

퇴고

推敲

(밀 퇴) (두드릴 고)

글을 다듬고 고친다는 뜻이다. 「劉賓客嘉和錄」

당(唐)나라 때의 시인 가도(賈島)가 장안(長安)으로 과거를 보러 갈 때이다. 나귀를 타고 길을 가는데 시상이 떠올랐다.

한 거 소 린 병
閑居少隣竝   인가가 드문 곳에 한가한 집이 있어서

초 경 입 황 원
草徑入荒園   풀에 묻힌 길이 거친 정원과 통하고 있네

조 숙 지 변 수
鳥宿池邊樹   새는 연못가 나무에서 자고

승 고 월 하 문
僧敲月下門   스님은 달 아래 문을 두드린다

이 시에서 고(敲)보다 퇴(推)라고 하는 것이 어떨까 하는 생각에 잠기게 되었다. 나귀를 탄 채 두 글자를 놓고 고민하고 있다가 경조군(京兆君) 벼슬에 있는 한유(韓愈)의 행차와 맞닥뜨리게 되었다. 행차를 막은 혐의로 한유 앞으로 끌려온 그는 사실대로 이야기를 했다.

한유는 말 위에서 한참 동안 그 시를 읊어 보다가 '퇴'보다는 '고'가 좋다고 하고는 가도와 고삐를 나란히 하여 행차를 계속했다. 이때부터 글을 고치는 것을 퇴고(推敲)라고 하게 되었다.

파과지년

破瓜之年

(깨뜨릴 파) (오이 과) (의 지) (해 년)

여자의 나이 16세와 남자의 나이 64세를 가리키는 말이다.

과(瓜)라는 글자를 쪼개 보면 팔(八) 자가 둘이 된다. 그래서 여자를 참외에 비유하고, 또 그것을 깨면 여덟이 둘이 되므로, 여자의 나이 열여섯을 가리키게 된다. 첫 경도(經度)가 있게 되는 나이라는 의미이다.

또한 남자의 나이 예순넷을 가리켜 파과(破瓜)라고 하는 것은 여덟을 서로 곱하면 예순넷이 되기 때문인데, 남자로서 이 나이가 되면 혼자서 잠자리에 들 나이가 되었다는 뜻이다.

형설지공

螢雪之功

(반딧불 형) (눈 설) (의 지) (공 공)

반딧불과 눈빛으로 공부하여 성공했다는 뜻으로, 가난과 어려운 역경을 물리치고 고학한 성과를 말한다.　「蒙求」

진(晉)나라의 차윤(車胤)은 어릴 때부터 열심히 공부했다. 그러나 집안이 가난하여 밤에 책을 읽으려 해도 등잔불을 켤 기름을 살 돈이 없었다. 그래서 여름에는 비단 주머니에 반딧불을 잡아넣고 그 불빛으로 책을 읽었다. 그는 나중에 관직이 상서랑(尙書郎)에까지 이르렀다.

또 진(晉)나라의 손강(孫康)도 역시 집안이 가난해서 기름을 살 수가 없었는데 창가에 쌓인 흰 눈의 빛을 빌려서 책을 보았다고 한다. 그는 나중에 어사대부(御史大夫)의 자리에까지 올랐다.

후세 사람들이 이러한 사실을 듣고 형설지공(螢雪之功)이라고 했다.

화룡점정

畵龍點睛

(그림 화) (용 룡) (점찍을 점) (눈동자 정)

용을 그리고 마지막으로 눈동자를 그려 넣는다는 뜻으로, 최후의 손질을 해서 가장 중요한 부분을 완성시키는 것을 뜻한다.　「水衡記」

장승요(張僧繇)는 양(梁)나라 때의 유명한 화가로, 그의 그림에 대한 일화들이 많이 남아 있다. 수도인 금릉(金陵) 안락사(安樂寺)의 벽에 네 마리의 용을 그렸는데 눈동자를 그리지 않았다. 사람들이 그 까닭을 묻자 그는 눈동자를 그리면 그림 속의 용이 날아가 버리기 때문이라고 했다. 그러나 사람들이 그의 말을 믿지 않자 그는 용 한 마리의 눈동자를 그려 넣었다. 그러자 갑자기 벽 속에서 뇌광(雷光)이 빛나고 요란스런 뇌성이 울리더니 비늘을 번쩍이며 용이 벽에서 튀어나와 하늘로 날아가 버렸다. 그러나 눈동자를 그리지 않은 세 마리의 용은 그대로 남아 있었다.

시험에 잘 나오는 고사성어

搏翼天時 田斗牛 養搏物性

異沙鷗 · 一九九五年 李相麒

가 담 항 설
1. **街談巷說** 항간에 떠도는 근거 없는 소문.

각 골 난 망
2. **刻骨難忘** 입은 은혜에 대한 고마움이 뼈에 깊이 사무쳐 결코 잊혀지지 아니함.

각 주 구 검
3. **刻舟求劍** 사고력과 판단력이 둔하여 세상 물정에 어둡고 어리석음.

간 운 보 월
4. **看雲步月** 객지에서 낮에는 구름을 바라보고 밤에는 달빛 아래로 거닌다는 뜻. 즉 객지에서 고향을 생각함.

갈 력 진 능
5. **竭力盡能** 체력과 능력을 다해서 일함.

갈 이 천 정
6. **渴而穿井** 목이 말라서야 우물을 판다는 것인데, 일이 임박하여 급히 하면 그때는 이미 늦어서 되지 않는다는 뜻.

감 구 지 회
7. 感舊之懷　지나간 일을 몹시 생각하는 마음.

감 언 이 설
8. 甘言利說　남의 비위를 맞추어 달콤한 말로 유혹하는 말.

거 재 두 량
9. 車載斗量　수레에 싣고 말(斗)로 된다는 뜻으로 물건이나 인
　　　　　　재 따위가 아주 흔함을 가리킨다.

거 족 일 치
10. 擧族一致　온 민족이 한마음 한 뜻이 됨.

건 곤 일 색
11. 乾坤一色　하늘과 땅이 모두 똑같은 색임.

건 곤 일 척
12. 乾坤一擲　온 힘을 다하여 마지막으로 흥망을 겨룸.

개 세 지 재
13. 蓋世之才　세상을 덮을 만큼 뛰어난 재주.

객 지 면 식
14. 客地眠食　객지에서 자고 먹는 일(객지 생활).

거 문 불 납
15. 拒門不納　거절하여 문 안에 들이지 않음.

거 안 사 위
16. 居安思危　편안하게 살면서도 항상 위험할 때를 생각함.

견 리 사 의
17. 見利思義　눈앞의 이익이 있을 때 의리를 생각함.

견 마 지 로
18. **犬馬之勞**   나라에 충성을 다하는 노력.

견 문 발 검
19. **見蚊拔劍**   모기를 보고 칼을 뺀다는 뜻으로 하찮은 일에 성
을 내어 덤빔을 비유한 말.

견 물 생 심
20. **見物生心**   물건을 보면 욕심이 생긴다는 뜻.

견 위 수 명
21. **見危授命**   나라가 위태로울 때 자기 목숨을 나라에 바치는 것.

결 사 반 대
22. **決死反對**   목숨을 걸고 마음에 들지 않는 일에 반대함.

경 거 망 동
23. **輕擧妄動**   경솔하고 분수 없이 행동함.

경 국 제 세
24. **經國濟世**   나라를 다스리고 세상을 구제함.

경 국 지 색
25. **傾國之色**   임금이 반하여 나라가 기울어져도 알지 못할 만큼
뛰어난 미인.

경 산 조 수
26. 耕山釣水 산에서 밭을 갈고 물에서 낚시를 함 (복잡한 사회를 떠나서 조용히 산중 생활을 함).

경 적 필 패
27. 輕敵必敗 적을 가볍게 보고 업신여기면 반드시 패한다는 말.

경 전 하 사
28. 鯨戰蝦死 고래 싸움에 새우등이 터진다는 뜻.

계 구 우 후
29. 鷄口牛後 닭의 부리가 될지언정 소의 꼬리는 되지 말라. 즉 작은 회사나 단체의 책임자가 될지언정 말단 직원은 되지 말라는 뜻.

군 계 일 학
30. 群鷄一鶴 많은 닭 가운데 학이 한 마리 있다는 뜻으로 평범한 사람 중에 뛰어난 인물이 끼어 있음을 말함.

계 란 유 골
31. 鷄卵有骨 달걀에도 뼈가 있다는 말로, 운수 나쁜 사람에게는 뜻밖에도 일이 꼭 안 된다는 뜻.

고 굉 지 신
32. 股肱之臣 다리나 팔처럼 철석같이 믿는 아랫사람.

고 군 분 투
33. **孤軍奮鬪**　홀로 여러 사람과 싸우는 것을 말함.

고 금 동 서
34. **古今東西**　옛날과 지금, 동양과 서양을 통틀어 일컫는 말.

고 대 광 실
35. **高臺廣室**　높은 지대에 있는 크고 좋은 집.

고 두 사 죄
36. **叩頭謝罪**　머리를 조아리고 깊이 사죄함.

고 량 자 제
37. **膏粱子弟**　부잣집에서 자라서 고생을 모르는 사람.

고 립 무 의
38. **孤立無依**　외롭게 생활을 유지하고 의지할 데가 없음.

고 망 착 호
39. **藁網捉虎**　새끼로 된 망으로 호랑이를 잡는다는 뜻으로 어리
석은 계획으로 뜻밖에 큰일에 성공함을 말한다.

고 복 격 양
40. **鼓腹擊壤**　세상이 평화롭고 의식이 풍부하여 걱정 없이 지내
는 것.

41. 孤雲野鶴 고운야학

외로운 구름과 들에 있는 학. 즉, 속세를 떠나 숨어 사는 사람을 말함.

42. 孤掌難鳴 고장난명

한쪽 손으로는 소리가 나지 않는다. 즉, 싸움이란 양쪽이 다 똑같아서 생긴다는 뜻.

43. 苦盡甘來 고진감래

고생 끝에 행복이 온다는 말.

44. 共同宣言 공동선언

두 사람 또는 두 나라 이상이 공동으로 발표하는 선언.

45. 空中樓閣 공중누각

공중에 지은 집이라는 뜻으로 근거가 없음을 가리킨다.

46. 過如不及 과여불급

지나친 것은 미치지 못한 것과 같음.

47. 光陰如流 광음여류

세월이 흐르는 물과 같이 빠르다는 말.

48. 傀儡政府 괴뢰정부

아무런 실권이 없어서 남의 나라의 지령을 받고 인형처럼 움직이는 정부.

교 권 남 용
49. **敎權濫用** 스승으로서의 권위를 함부로 사용함.

구 사 일 생
50. **九死一生** 죽을 고비를 여러 차례 겪고 간신히 살아남.

구 상 유 취
51. **口尙乳臭** 입에서 아직 젖 냄새가 난다는 뜻으로 행동이 유
치함을 말함.

구 수 회 의
52. **鳩首會議** 머리를 맞대고 회의함. 또는 나라의 수상들이 모여
서 회의를 하는 것.

구 절 양 장
53. **九折羊腸** 아홉 번 꺾어진 양의 창자라는 뜻으로, 산길이 꼬
불꼬불하고 험한 것을 이르는 말.

구 태 의 연
54. **舊態依然** 옛 모양 그대로 이어져 조금도 변함이 없음을 말함.

궁 여 지 책
55. **窮餘之策** 매우 어렵게 짜낸 한 가지 꾀를 말함.

극 력 주 선
56. **極力周旋** 있는 힘을 다하여 적극적으로 주선함.

근 근 자 자
57. **勤勤孜孜**   매우 부지런하고 정성스러움.

근 묵 자 흑
58. **近墨者黑**   먹을 가까이하는 사람은 먹이 묻기 쉽다는 말.

금 수 강 산
59. **錦繡江山**   비단에 수놓은 듯이 아름다운 땅(우리나라).

금 슬 지 락
60. **琴瑟之樂**   부부 사이의 화목함을 즐거워하는 것.

금 운 서 성
61. **琴韻書聲**   거문고 타는 소리와 글 읽는 소리로 가정의 행복을 말함.

금 의 야 행
62. **錦衣夜行**   비단옷을 입고 밤길을 간다는 말로 일을 성공시켜도 알아주는 사람이 없어 헛수고가 됨을 뜻함.

금 의 환 향
63. **錦衣還鄉**   객지에 가서 성공한 몸으로 고향에 돌아온다는 말.

금 지 옥 엽
64. **金枝玉葉**   귀여운 자손을 말함.

기 사 회 생
65. 起死回生　죽을 지경이 되었다가 다시 살아난다는 뜻.

기 상 천 외
66. 奇想天外　보통으로는 짐작도 할 수 없을 만큼 기발하고 엉뚱한 생각을 뜻함.

기 승 전 결
67. 起承轉結　한시의 구성법. 첫구에서 시의(詩意)를 일으키고 (起), 둘째 구에서 받아(承), 셋째 구에서 뜻을 일전시켜서(轉), 넷째 구에서 전체를 마무리함.

기 왕 지 사
68. 旣往之事　이미 지나간 일.

기 인 우 천
69. 杞人憂天　장래의 일에 대해 쓸데없는 걱정을 한다는 뜻으로 기우(杞憂)라고도 함.

낙 담 상 혼
70. 落膽喪魂　매우 놀라서 정신을 잃음.

낙 락 장 송
71. 落落長松　가지가 축축 늘어진 오래된 키 큰 소나무.

남 부 여 대
72. 男負女戴　남자는 지고 여자는 이고 간다는 뜻인데, 가난한 사람이 떠돌아다니면서 사는 것. 또는 전쟁으로 피난을 가는 모습을 말함.

남 선 북 마
73. 南船北馬　중국의 교통 상태를 말하는 것인데, 남쪽은 강이 많아 배를 이용하며, 북쪽은 말을 많이 이용하는 데서 온 말로서 여기저기 여행하는 것을 말함.

남 흔 여 열
74. 男欣女悅 부부가 화락하는 것을 말함.

낭 중 지 추
75. 囊中之錐 주머니 속에 들어 있는 송곳은 감추어도 끝이 드러나 보임. 곧 재능이 뛰어난 사람은 언젠가는 드러나게 마련이라는 뜻임.

노 발 대 발
76. 怒發大發 몹시 화를 내는 것.

노 소 동 락
77. 老少同樂 늙은 사람과 젊은 사람이 함께 즐김.

노 심 초 사
78. 勞心焦思 애를 쓰며 속을 태우는 것.

노 어 해 시
79. 魯魚亥豕 글자를 잘 이해 못하는 것을 말함.

누 란 지 위
80. 累卵之危 계란을 포개 놓은 듯이 매우 위태로운 상태.

능 운 지 지
81. 陵雲之志 높은 구름을 훨씬 뛰어넘는 높고 고상한 뜻.

능 지 처 참
82. **凌肢處斬** 옛날에 대역(大逆) 죄인에게 내리던 극형. 머리, 몸, 손, 발을 토막내서 죽임.

다 사 다 난
83. **多事多難** 일도 많고 어려움도 많음.

다 수 가 결
84. **多數可決** 찬성이 많은 쪽으로 결정함.

다 재 다 능
85. **多才多能** 재주도 많고 능력도 많음.

다 정 다 감
86. **多情多感** 인정이 많고 느낌도 많음.

당 구 풍 월
87. **堂狗風月** 서당 개도 삼 년이 지나면 풍월을 읊는다는 뜻으로, 무식한 사람도 유식한 사람과 같이 있으면 감화를 받는다는 말.

대 경 실 색
88. **大驚失色** 너무 놀라 얼굴빛이 질림.

89. 대 성 통 곡
大聲痛哭 큰소리로 아주 슬프게 우는 것.

90. 대 의 명 분
大義名分 사람이 타인이나 국가에 지켜야 할 도리.

91. 대 천 지 수
戴天之讐 이 세상에 같이 살 수 없는 원수.

92. 도 로 무 공
徒勞無功 힘을 써도 공이 없이 헛수고만 한다는 말.

93. 도 비 순 설
徒費脣舌 헛되이 입술과 혀만 수고롭게 한다. 즉 부질없는 말만 하고 보람이 없음을 말함.

94. 독 서 삼 매
讀書三昧 오직 책 읽기에만 열중하여 다른 일은 생각하지도 않음.

95. 독 숙 공 방
獨宿空房 여자가 남편 없이 혼자 밤을 지냄. 독수공방(獨守空房)도 같은 뜻임.

96. 동 명 이 인
同名異人 같은 이름을 가진 다른 사람.

97. 동 문 서 답
東問西答 물음에 대하여 전혀 다른 엉뚱한 대답을 함.

98. 동 병 상 련
同病相憐 같은 병을 가진 사람끼리 서로 불쌍하게 여긴다는 뜻으로, 처지가 비슷한 사람끼리는 서로 동정이 간다는 말이다.

동 분 서 주
99. 東奔西走　분주하게 이리저리 뛰어다님.

동 족 방 뇨
100. 凍足放尿　언 발을 소변으로 녹인다는 뜻으로, 일시적인 도
　　　　　　움은 되나 효력이 없다는 말.

두 문 불 출
101. 杜門不出　문을 닫고 밖에 나가지 아니함.

두 양 소 근
102. 頭痒搔跟　머리가 가려운데 발뒤꿈치를 긁음. 즉 아무 소용
　　　　　　없다는 뜻.

만 사 여 의
103. 萬事如意　모든 일이 뜻과 같이 됨.

만 사 형 통
104. 萬事亨通　모든 일이 순탄하게 잘 됨.

만 수 무 강
105. 萬壽無疆　수명이 한없이 길게 오래 산다는 뜻.

만 시 지 탄
106. 晚時之歎　기회를 놓치고 하는 탄식.

만 신 창 이
107. **滿身瘡痍** 온몸이 흠집투성이가 되어 형편없이 됨.

망 극 지 은
108. **罔極之恩** 부모나 임금님에게서 받은 잊지 못할 큰 은혜.

망 망 대 해
109. **茫茫大海** 한없이 넓고 큰 바다.

면 상 육 갑
110. **面上六甲** 얼굴을 보고 나이를 짐작함.

면 종 복 배
111. **面從腹背** 대면해서는 순종하는 체하면서 속으로는 배반함.

명 모 호 치
112. **明眸皓齒** 맑은 눈동자와 하얀 이라는 뜻으로 미인을 말함.

명 실 상 부
113. **名實相符** 이름과 실성이 서로 부합됨.

맹 인 모 상
114. **盲人摸象** 맹인이 코끼리 만지듯 사람의 일부만을 알고 전체를 모르면서 함부로 자기 견해를 주장하는 것.

모 수 자 천
115. **毛遂自薦** 자기가 자기를 추천하는 것.

묘 기 백 출
116. **妙技百出**   교묘한 재주와 기술이 수없이 나옴.

무 골 호 인
117. **無骨好人**   뼈 없이 좋은 사람.

무 병 장 수
118. **無病長壽**   병 없이 오래 삶.

무 위 도 식
119. **無爲徒食**   아무 하는 일 없이 먹고 놀기만 하는 것.

무 의 무 탁
120. **無依無託**   몸을 의탁할 곳이 없음.

무 인 지 경
121. **無人之境**   사람이라고는 전혀 없는 곳.

무 지 막 지
122. **無知莫知**   아는 것이 없고 무도한 것.

무 훼 무 예
123. **無毁無譽**   욕할 것도 칭찬할 것도 없음.

문 방 사 우
124. **文房四友**   종이, 붓, 먹, 벼루의 네 가지.

문 전 옥 답
125. 門前沃畓   집 앞에 가까이 있는 기름진 논.

미 래 지 사
126. 未來之事   앞으로 닥쳐올 일.

미 사 여 구
127. 美辭麗句   아름다운 말과 고운 글귀.

미 생 지 신
128. 尾生之信   미생이란 사람처럼 굳게 신의를 지킨다는 뜻.

박 이 부 정
129. 博而不精   넓게 알고 있으나 자세히 알지 못함.

박 장 대 소
130. 拍掌大笑   손뼉을 치며 크게 웃음.

반 복 무 상
131. 反覆無常   태도를 이랬다저랬다 하여 송잡을 수 없음.

반 수 반 성
132. 半睡反醒   반은 자고 반은 깸.

반 신 반 의
133. 半信半疑   반은 믿고 반은 의심함.

백 년 해 로
134. 百年偕老 　의좋은 부부가 함께 늙음.

백 면 서 생
135. 白面書生 　얼굴이 하얀 선비란 말로 세상 경험이 없는 사람을 가리킴.

백 배 사 례
136. 百拜謝禮 　수없이 절을 하며 고맙다고 인사함.

백 수 건 달
137. 白手乾達 　가진 게 아무것도 없는 멀쩡한 사람.

백 약 무 효
138. 百藥無效 　온갖 약이 다 효험이 없음.

병 가 상 사
139. 兵家常事 　전쟁에서 이기고 패하는 것은 흔히 있는 일이니 낙심할 것 없다는 뜻.

복 모 구 구
140. 伏慕區區 　삼가 사모하는 마음의 다함이 없다는 뜻.

복 수 불 수
141. 覆水不收 　일단 저지른 일은 다시 원래의 상태로 되돌릴 수 없다는 뜻이다.

부 모 구 존
142. 父母俱存 　부모가 다 살아 계심.

부 신 입 화
143. 負薪入火 　어떤 일에 한술 더 떠서 사태를 더욱 걷잡을 수 없게 함.

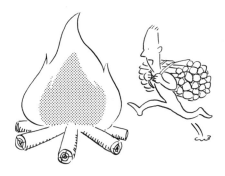

부 지 기 수
144. **不知其數** 너무 많아 그 수효를 알 수가 없음.

부 화 뇌 동
145. **附和雷同** 남들의 의견을 그대로 따르거나 덩달아서 같이
행동을 함.

분 골 쇄 신
146. **紛骨碎身** 죽을 힘을 다하여 노력함.

불 가 사 의
147. **不可思議** 사람의 생각으로는 알 수 없는 이상한 것.

불 가 항 력
148. **不可抗力** 사람의 힘으로는 어찌할 방법이 없는 것.

불 고 염 치
149. **不顧廉恥** 염치를 돌아보지 아니함.

불 성 인 사
150. **不省人事** 정신을 잃고 의식이 없음.

불 요 불 굴
151. **不撓不屈** 마음이 군세어 어떤 일에도 흔들리지 않고, 굽히
지도 않음.

164

불 철 주 야
152. **不徹晝夜** 밤낮을 가리지 않고 노력함.

불 혹 지 년
153. **不惑之年** 유혹당하지 않는 나이. 즉 40세를 말함.

붕 정 만 리
154. **鵬程萬里** 원대한 희망을 안고 객지로 떠나는 길.

비 분 강 개
155. **悲憤慷慨** 슬프고 분하여 가슴이 복받쳐 한탄함.

사 분 오 열
156. **四分五裂** ① 여러 갈래로 갈기갈기 찢어짐. ② 여러 갈래로
분열되어 질서가 없어짐.

사 상 누 각
157. **沙上樓閣** 모래 위의 누각. 즉, 사물의 기초가 견고하지 않
다는 뜻.

사 서 오 경
158. **四書五經** 사서(四書)는 논어, 대학, 중용, 맹자를 말하고,
오경(五經)은 시경, 서경, 주역, 예기, 춘추를
말함.

사 필 귀 정
159. **事必歸正**   무슨 일이든지 결국은 올바른 이치대로 되고 맘.

산 전 수 전
160. **山戰水戰**   세상의 온갖 고초와 난관을 다 겪어 봄.

삼 라 만 상
161. **森羅萬象**   우주의 온갖 사물과 현상을 말함.

상 전 벽 해
162. **桑田碧海**   세상의 모든 것이 변천하여 온통 변해 버림.

생 면 부 지
163. **生面不知**   한 번도 만나 본 적이 없어 모르는 사람.

생 자 필 멸
164. **生者必滅**   살아 있는 것은 반드시 언젠가는 죽음이 있음.

생 존 경 쟁
165. **生存競爭**   생물이 살기 위해서 서로 다투고 경쟁하는 것.

선 견 지 명
166. **先見之明**   일이 생기기 전에 미리 알아차리는 밝은 슬기.

설 상 가 상
167. **雪上加霜**   눈 위에 서리가 내린다는 뜻으로 불행이 거듭 생기는 것.

송 구 영 신
168. **送舊迎新**   올해를 보내고 새해를 맞이함.

수 구 여 병
169. **守口如瓶**   입이 병마개같이 무겁다는 뜻으로 비밀을 잘 지키는 것.

수 복 강 녕
170. 壽福康寧 오래 살고 행복하고 건강하고 마음이 평안함.

수 불 석 권
171. 手不釋卷 손에서 책을 놓지 않고 항상 공부함.

수 수 방 관
172. 袖手傍觀 옆에서 보고만 있을 뿐 도와주지 않는 것.

수 신 제 가
173. 修身齊家 자기 몸을 닦고 집안을 다스림.

수 어 지 교
174. 水魚之交 물과 고기가 떨어질 수 없듯 아주 친밀한 사이.

수 적 석 천
175. 水滴石穿 물방울이 돌에 구멍을 뚫음.

순 망 치 한
176. **脣亡齒寒** 입술이 없으면 이빨이 시리다는 뜻. 이웃이 못 살면 자기도 행복하지 못하다는 말.

승 승 장 구
177. **乘勝長驅** 계속 승리해 나아감.

시 종 일 관
178. **始終一貫** 처음부터 끝까지 변하지 아니함.

신 외 무 물
179. **身外無物** 자기 몸 외에는 아무것도 없다는 뜻으로, 자기 몸이 무엇보다도 가장 소중하다는 말.

신 인 공 노
180. **神人共怒** 신과 사람이 함께 성을 냄.

신 진 대 사
181. **新陳代謝** 생물을 유지하기 위하여 생물체가 필요한 것은 섭취하고 불필요한 것을 배설하는 현상.

신 출 귀 몰
182. **神出鬼沒** 귀신처럼 빠르고 자유자재로 나타나고 사라짐.

아 전 인 수
183. **我田引水** 내 논에만 물을 끌어들인다는 뜻으로, 자기의 이익만을 생각하는 것.

안 빈 낙 노
184. **安貧樂道** 가난해도 편안한 마음으로 도를 지키며 즐긴다는 뜻.

안 중 무 인
185. **眼中無人** 자기밖에 없는 듯이 교만하게 사람을 무시한다는 뜻. 眼下無人(안하무인)도 같은 뜻임.

186. 藥房甘草
약 방 감 초

한약에 꼭 들어가는 감초처럼 무슨 일에나 참견
한다는 말.

187. 洋洋大海
양 양 대 해

한없이 넓고 큰 바다.

188. 魚變成龍
어 변 성 룡

곤궁하게 살던 사람이 부귀하게 된 것을 말한다.

189. 言語道斷
언 어 도 단

너무나 어이가 없어서 말하려 해도 말할 수 없다
는 말.

190. 言中有骨
언 중 유 골

예사로운 말 속에 뜻이 들어 있다는 말.

191. 如坐針席
여 좌 침 석

바늘 방석에 앉은 것같이 매우 불안함.

192. 鳶飛魚躍
연 비 어 약

하늘에 솔개가 날고 물 속에 고기가 뛰논다는 뜻
으로 자연의 조화와 작용이 묘함을 말함.

193. 榮枯盛衰
영 고 성 쇠

번영하고 쇠퇴하는 것.

169

오 비 삼 척
194. 吾鼻三尺　내 코가 석자나 되는데 남의 사정을 돌아볼 여지
가 없다는 뜻.

오 비 이 락
195. 烏飛梨落　까마귀 날자 배 떨어진다는 뜻으로, 남에게 의심
을 받기 쉬운 행동을 가리키는 말.

오 월 동 주
196. 吳越同舟　사이가 나쁜 오나라와 월나라 사람이 우연히 배
를 타다 보니 같이 마주보게 앉았다는 고사에서
사이가 나쁜 사람끼리 동석하는 것을 말함.

온 고 지 신
197. 溫故知新　옛날 것을 익혀서 새로운 것을 알아낸다는 뜻.

외 유 내 강
198. 外柔內剛　겉은 부드러운 듯하나 속은 굳고 단단함.

욕 구 불 만
199. 欲求不滿　욕심껏 구하는 마음을 채우지 못함.

용 두 사 미
200. 龍頭蛇尾　처음은 용의 머리처럼 훌륭하나 끝이 뱀의 꼬리
처럼 흐지부지되고 결말을 맺지 못함.

우 공 이 산
201. 愚公移山　끊임없이 계속 일을 추진하다 보면 성공한다는 말.

우 이 독 경
202. 牛耳讀經　가르치고 일러 주어도 알아듣지 못함.

우 후 송 산
203. 雨後送傘　비가 온 뒤에 우산을 보낸다는 뜻으로, 일이 끝난
뒤에는 필요했던 것을 준비해 보내도 쓸데없음.

원 앙 지 계
204. 鴛鴦之契　원앙새는 암컷과 수컷이 서로 떨어지지 않고 지
내는 새이니 부부가 서로 화락함을 말함.

유 명 무 실
205. 有名無實　이름만 있고 실속은 없는 것을 말함.

유 비 무 환
206. 有備無患　사전에 미리 준비하여 두면 걱정이 없다는 말.

유 아 독 존
207. 唯我獨尊　이 세상에 나보다 더 높은 것이 없다고 뽐냄.

유 야 무 야
208. 有耶無耶　있는지 없는지 모르게 희미함.

209. 流言蜚語
유 언 비 어
근거 없고 선동적인 헛소문.

210. 有一無二
유 일 무 이
둘도 없고 오직 하나뿐임.

211. 有終之美
유 종 지 미
끝까지 해서 훌륭한 성과를 거두는 것을 말함.

212. 肉頭文字
육 두 문 자
상스러운 욕설. 육담(음담)으로 된 숙어.

213. 吟風弄月
음 풍 농 월
맑은 바람과 밝은 달을 대하여 시를 지으며 즐겁게 보냄.

214. 二律背反
이 율 배 반
서로 모순되는 사실이 한 행동에 주장되는 일.

215. 一念通天
일 념 통 천
마음을 한결같이 먹으면 하늘에 통해 어떤 일이라도 이룰 수 있다는 말.

216. 一勝一敗
일 승 일 패
한 번 이기고 한 번 짐.

217. ·場春夢
일 장 춘 몽
한바탕의 봄꿈처럼 헛된 부귀 영화.

218. 一朝一夕
일 조 일 석
하루아침이나 하룻저녁과 같은 짧은 시일.

219. 一觸卽發
일 촉 즉 발
조금만 건드려도 곧 폭발함.

220. 一寸光陰
일 촌 광 음

아주 짧은 시간.

221. 一筆揮之
일 필 휘 지

한숨에 줄기차게 붓글씨를 내려쓰는 것.

222. 一攫千金
일 확 천 금

단번에 거액의 재물을 얻음.

223. 一喜一悲
일 희 일 비

번갈아서 기쁘고 슬픈 일이 일어나는 것.

224. 臨機應變
임 기 응 변

그때 그때 일의 기틀에 따라 알맞게 처리함.

225. 立身揚名
입 신 양 명

출세하여 세상에 이름을 드날림.

226. 立錐之地
입 추 지 지

매우 좁아서 조금도 여유가 없음을 가리키는 말.

자 고 이 래
227. 自古以來　옛날부터 지금까지.

자 급 자 족
228. 自給自足　자기의 수요를 자기가 생산하여 충당함.

자 문 자 답
229. 自問自答　자기 혼자서 묻고 자기 혼자 대답함.

자 업 자 득
230. 自業自得　자기가 저지른 과오의 대가를 치룸.

자 연 도 태
231. 自然淘汰　자연적으로 환경에 맞지 않는 것은 도태됨.

자 중 지 란
232. 自中之亂　자기편 속에서 싸움이 일어나는 것.

자 타 공 인
233. 自他公認　자기와 다른 사람 모두가 인정함.

자 포 자 기
234. 自抛自棄　불만이 쌓여 행동을 마구 되는 대로 하는 것.

재 기 불 능
235. 再起不能　다시 일어설 능력이 없는 것.

적 반 하 장
236. 賊反荷杖   잘못한 사람이 도리어 잘한 사람을 나무람.

적 수 공 권
237. 赤手空拳   맨손과 빈 주먹이라는 뜻으로 아무것도 가진 것이 없음.

적 재 적 소
238. 適材適所   적당한 인재를 적당한 자리에 배치함.

전 광 석 화
239. 電光石火   극히 짧은 시간에 하는 매우 빠른 동작을 말함.

전 대 미 문
240. 前代未聞   이제까지 들은 적이 없음.

전 생 연 분
241. 前生緣分   전생에서 이미 맺어진 연분.

전 인 교 육
242. 全人敎育   인격을 양성하는 교육을 말함.

전 화 위 복
243. 轉禍爲福   화가 바뀌어 도리어 복이 되는 것.

절 차 탁 마
244. 切磋琢磨   옥돌을 갈고 깎는 것처럼 열심히 학문을 닦음.

절 치 부 심
245. 切齒腐心   몹시 분하여 이를 갈고 속을 썩임.

정 당 방 위
246. 正當防衛   도둑이 침입하여 주인을 살해할 목적으로 무기를 사용할 때 자기 몸을 지키기 위해 그 도둑에게

상처를 입히거나 살해해도 형법상 범죄 불성립의 이유가 되며, 손해 배상의 책임을 지지 않음.

247. 井中觀天 정중관천
우물 속에서 하늘을 쳐다본다는 뜻으로 우물 속의 개구리라는 말. 井中之蛙(정중지와)도 같은 뜻임.

248. 朝令暮改 조령모개
법령을 너무 자주 고친다는 말.

249. 終無消息 종무소식
끝내 아무런 소식이 없음.

250. 晝耕夜讀 주경야독
낮에는 일하고 밤에는 공부함. 즉 고학하는 것.

251. 酒色雜妓 주색잡기
술과 계집과 노름을 가까이 하는 나쁜 행동.

252. 衆口難防 중구난방
여러 사람의 입은 다 막기가 어려움.

253. 支離滅裂 지리멸렬
이리 저리 흩어져 갈피를 잡을 수 없게 됨.

176

254. 紙筆硯墨 지 필 연 묵
종이, 붓, 벼루, 먹의 네 가지를 말함.

255. 珍羞盛饌 진 수 성 찬
맛깔스럽게 많이 차린 음식을 말함.

256. 進退兩難 진 퇴 양 난
나아가지도 물러서지도 못해서 입장이 난처함.

257. 此日彼日 차 일 피 일
오늘 일을 내일로 미루는 등 기한을 연기함.

258. 車螢孫雪 차 형 손 설
반딧불과 눈을 이용해서 고학함.

259. 天人共怒 천 인 공 노
하늘과 사람이 함께 분노한다는 뜻.

260. 千辛萬苦 천 신 만 고
많은 고초를 겪고 무한히 애를 씀.

261. 天佑神助 천 우 신 조
하늘과 신의 도움.

262. 天生配匹 천 생 배 필
하늘이 미리 마련해 준 부부
사이를 말함.

천 진 난 만
263. 天眞爛漫　꾸밈없이 타고난 성질 그대로가 행동에 나타남.

천 진 무 구
264. 天眞無垢　아무 흠 없이 매우 천진함.

천 차 만 별
265. 千差萬別　모든 사물에 차이가 많고 구별이 있음.

천 편 일 률
266. 千篇一律　모두 변화가 없고 비슷비슷함.

청 경 우 독
267. 晴耕雨讀　맑은 날은 밭을 갈고 비오는 날은 집 안에서 책
　　　　　　을 읽음.

청 산 유 수
268. 靑山流水　막힘 없이 말을 잘하는 것의 비유.

초 로 인 생
269. 草露人生　풀 끝에 맺힌 이슬과 같이 허무한 인생을 말함.

천 고 마 비
270. 天高馬肥　하늘이 높고 말도 살찌는 가을을 말함.

추 풍 낙 엽
271. 秋風落葉　가을 바람에 흩어져 떨어지는 낙엽.

출 가 외 인
272. 出家外人　시집간 딸은 남과 같다는 뜻.

칠 전 팔 기
273. 七顚八起　여러 번의 실패에도 굽히지 아니하고 다시 일어남.

침 소 봉 대
274. 針小棒大　작은 일을 크게 허풍을 떨어 말함.

탁 상 공 론
275. 卓上空論　실천이 없는 허황된 의논.

탐 관 오 리
276. 貪官汚吏　탐욕이 많고 행실이 깨끗하지 못한 공무원.

태 연 자 약
277. 泰然自若　어떠한 거부의 충동을 당해도 듬직하고 천연스러움.

토 정 비 결
278. 土亭秘訣　토정 이지함이 지었다는 책으로 한해의 신수를 보는 데 씀.

파 란 곡 절
279. 波瀾曲折　생활 또는 일의 진행에서 일어나는 많은 곤란과 변화.

파 렴 치 한
280. 破廉恥漢　염치를 모르는 뻔뻔스러운 사람.

파 안 대 소
281. 破顏大笑　얼굴을 활짝 펴고 크게 웃음.

파 죽 지 세
282. 破竹之勢 대나무를 쪼갤 때와 같은 형세라는 뜻으로, 막힘
없이 무찔러 나아감.

팔 방 미 인
283. 八方美人 어느 모로 보나 흠 없이 아름다운 사람.

패 가 망 신
284. 敗家亡身 가산을 없애고 몸을 망침.

풍 전 등 화
285. 風前燈火 바람 앞에 등잔불이라는 뜻으로, 매우 위급한 자
리에 놓여 있음을 일컫는 말.

피 골 상 접
286. 皮骨相接 살가죽과 뼈가 맞붙을 정도로 몸이 몹시 말랐음
을 말함.

피 해 망 상
287. 被害妄想 남이 항상 자기에게 해를 입힌다고 생각하는 일.

학 수 고 대
288. 鶴首苦待 학처럼 목을 길게 빼고 기다린다는 뜻으로, 몹시
기다림을 뜻함.

함 구 무 언
289. 緘口無言　입을 다물고 말하지 않음.

함 흥 차 사
290. 咸興差使　심부름을 가서 소식이 아주 없거나 회답이 더디 게 올 때에 쓰는 말.

항 우 장 사
291. 項羽壯士　항우와 같은 장사라는 말로 힘이 아주 센 사람을 일컫는 말.

행 운 유 수
292. 行雲流水　떠도는 구름과 흘러가는 물이라는 뜻으로, 자연 을 벗삼아 떠도는 나그네를 말함.

허 송 세 월
293. 虛送歲月　세월을 헛되게 보냄.

허 심 탄 회
294. 虛心坦懷　마음에 아무런 사념 없이 솔직한 태도

일상 생활에서 많이 쓰이는 고사성어

일 각 여 삼 추

1. **一刻如三秋**　몹시 기다려지거나 지루함을 나타내는 말. 사모하는 마음이 간절함을 가리킴.

일 도 양 단

2. **一刀兩斷**　단칼에 양쪽으로 자름. 사물을 서슴지 않고 처단함.

일 망 타 진

3. **一網打盡**　그물을 한 번 쳐서 물고기를 죄다 잡음. 한꺼번에 모두 잡음.

일 소 천 금

4. **一笑千金**　한 번 웃는 것이 천금의 값어치가 있음.

일 언 이 폐 지

5. **一言以蔽之**　한마디 말로 전체의 뜻을 말함.

상 하 탱 석

6. **上下撑石**　윗돌을 빼서 아랫돌을 괴고 아랫돌을 빼서 윗돌을 굄. 몹시 꼬이고 다급한 일을 임시 변통으로 이리저리 견뎌 나감.

상 행 하 교

7. **上行下校**　윗사람이 하는 행동을 아랫사람이 본받음.

불 가 항 력
8. 不可抗力　사람의 힘으로는 막을 수 없는 큰 힘.

불 문 곡 직
9. 不問曲直　옳고 그름을 묻지 않고 함부로 함.

불 문 율
10. 不文律　글자로 적지 아니한 법률.

불 야 성
11. 不夜城　밤에도 해가 나왔다고 하는 한나라 때의 성(城)의 이
름. 등불로 밤이 낮같이 밝음을 일컫는 말.

불 편 부 당
12. 不偏不黨　어느 편에도 치우치지 않음. 즉, 공평중립의 자리
에 섬.

불 행 중 다 행
13. 不幸中多幸　언짢은 일 중에 그래도 잘된 일.

구 리 지 언
14. 丘里之言　민간에서 하는 말.

중 화 지 기
15. 中和之氣　덕이 많아 화평한 기상.

승 위 섭 험
16. 乘危涉險　위태함과 험난함을 무릅쓰고 나아감.

구 곡 간 장
17. 九曲肝腸　굽이굽이 사무친 마음속.

걸 아 득 금
18. 乞兒得錦　거지 아이가 비단을 얻음. 분수에 넘치는 일을 지

나치게 자랑한다는 뜻.

건 목 수 생
19. **乾木水生**　마른 나무에서 물이 난다는 뜻으로 아무것도 없는 사람에게 무엇을 무리하게 내라고 요구함.

사 후 승 낙
20. **事後承諾**　급할 때 우선 일을 처리해 놓고 뒤에 받는 승낙.

오 리 무 중
21. **五里霧中**　짙은 안개가 끼어 방향을 알 수 없다는 뜻으로, 무슨 일에 대하여 알 길이 없음.

망 양 보 뢰
22. **亡羊補牢**　소 잃고 외양간을 고친다는 말. 즉 이미 일을 그르친 뒤에 뉘우쳐도 소용없음을 뜻함.

망 양 지 탄
23. 亡羊之嘆 갈라진 길에서 양을 잃고 탄식한다는 뜻으로, 학문의 길도 여러 갈래라서 길을 고르기가 어렵다는 말.

인 면 수 심
24. 人面獸心 얼굴은 사람이나 마음은 짐승과 같다는 말.

인 산 인 해
25. 人山人海 사람이 많이 모인 모양.

이 덕 보 원
26. 以德報怨 원수에게 덕을 베풂.

이 란 격 석
27. 以卵擊石 계란으로 바위를 친다는 뜻. 즉 약한 것으로 센 것을 당해 내려고 함.

이 혈 세 혈
28. 以血洗血 친척끼리 다투는 것. 骨肉相爭(골육상쟁)과도 같은 뜻.

창 씨 고 씨
29. 倉氏庫氏 사물이 오래도록 변하지 않음을 가리키는 말. 옛날 중국에서 창씨와 고씨가 세습적으로 곳집을 맡아 보았다 함.

30. **什襲藏之** ^{십 습 장 지} 귀중한 물건을 잘 감춰 둠.

31. **仁義禮智** ^{인 의 예 지} 사람이 태어날 때부터 지니고 있는 사덕(四德). 즉 어질고 의롭고 예의를 지킬 줄 알고 지혜로움.

32. **仁者無敵** ^{인 자 무 적} 어진 사람은 사람을 사랑하기 때문에 적이 없음.

33. **仁者樂山** ^{인 자 요 산} 어진 사람은 천명을 좇고 욕심에 움직이지 않는 고요한 마음이 흡사 산과 같아 자연히 산을 좋아함.

34. **伐齊爲名** ^{벌 제 위 명} 어떤 일을 아는 체하고 속으로는 딴 짓을 하는 것. 중국 전국시대에 연(燕)나라 장군이 제(齊)나라를 칠 때에 명목만 그렇게 세우고 속으로 제왕이 되려고 계획했다고 한 데서 나옴.

35. **伏龍鳳雛** ^{복 룡 봉 추} 누운 용과 봉황의 새끼. 제갈량과 방통을 가리킴.

36. **伏地不動** ^{복 지 부 동} 땅 위에 엎드려 움직이지 않음.

37. 伯仲叔季 _{백 중 숙 계}
형제의 순서. 맏형을 백(伯), 그 다음을 중(仲), 또 그 다음을 숙(叔), 끝의 아우는 계(季)라 일컬음.

38. 似而非 _{사 이 비}
겉으로는 같아 보이나 실제로는 다름.

39. 作舍道傍 _{작 사 도 방}
길가에 집을 지을 때 왕래하는 사람들의 참견이 많아서 결정을 내리기가 어렵다는 뜻.

40. 作心三日 _{작 심 삼 일}
결심이 사흘을 가지 못함. 결심이 굳지 못함.

41. 低廻趣味 _{저 회 취 미}
감정과 사상과 이상을 바로 표현하지 않고 천천히 돌려서 표현하는 태도 또는 그러한 취미.

42. 俯察仰觀 _{부 찰 앙 관}
아랫사람의 형편을 두루 살피고 윗사람을 존경하는 마음으로 우러러봄.

43. 倚門而望 _{의 문 이 망}
부모가 자녀들이 오기를 몹시 기다림.

44. 借刀殺人 _{차 도 살 인}
남의 칼을 빌어 사람을 죽임.

45. 倖而得免 _{행 이 득 면}
무슨 좋지 못한 일을 요행히 벗어남.

46. 假裝行列 _{가 장 행 렬}
흔히 운동회나 축제 따위에서 여러 사람들이 갖가지 모습으로 가장하고 다니는 행렬.

47. **假執行**
<small>가 집 행</small>
법원이 직권 또는 신청에 의하여 확정되지 않은 판결의 취지를 임시로 집행함.

48. **假差押**
<small>가 차 압</small>
채무자가 재산을 방매하거나 숨기지 못하게 이를 임시로 차압하는 법원의 처분.

49. **偕老同穴**
<small>해 로 동 혈</small>
부부의 맹세. 즉, 살아서는 같이 늙고 죽어서는 무덤을 같이한다는 뜻.

50. **停雲落月**
<small>정 운 낙 월</small>
사모하는 뜻을 나타내는 말.

51. **偏母侍下**
<small>편 모 시 하</small>
홀로 남은 어머니를 모시고 있는 처지.

52. **傅生之論**
<small>부 생 지 론</small>
사형에 처할 죄에 대해 감형하기를 주장하는 의논.

53. **備嘗艱苦**
<small>비 상 간 고</small>
온갖 고생을 고루 맛봄.

54. **備荒貯畜**
<small>비 황 저 축</small>
어려운 고비에 쓰기 위하여 미리 하는 저축.

경 하 문 학
55. **傾何文學** 어떤 주의나 사상에 치우친 문학 중에서도, 특히
사회주의 사상을 배경으로 한 문학.

상 궁 지 조
56. **傷弓之鳥** 한 번 화살로 상처를 입은 새라는 뜻으로, 먼저의
일에 질려서 뒤의 일에 몹시 겁냄.

상 해 치 사 죄
57. **傷害致死罪** 고의로 남의 신체를 폭행하여 생명을 잃게 함
으로써 성립되는 범죄.

채 무 이 행
58. **債務履行** 채무자가 채무를 이행함.

요 행 수
59. **僥倖數** 뜻밖에 얻는 행운.

위 증 죄
60. **僞證罪** 법률의 규정에 따라 선서한 증인이 허위 진술을 한 죄.

벽 재 일 우
61. **僻在一隅** 궁벽한 한구석에 있음.

우 유 부 단
62. **優柔不斷** 결단성이 없고 활발하지 않음.

형 비 제 수
63. **兄肥弟瘦** 형제의 신분이 다름을 말함.

토 사 호 비
64. **兎死狐悲** 토끼가 죽으니 여우가 슬퍼함. 同病相憐(동병상
련)과도 뜻이 같음.

내 성 불 구
65. **內省不狗** 마음속으로 반성하여 부끄러움이 없음.

양 호 상 투
66. **兩虎相鬪** 두 사람의 영웅이 서로 싸움.

공 소 기 각
67. **公訴棄却** 법원이 공소가 적당하지 않다고 인정할 때 행하는
재판.

구 안 지 사
68. **具眼之士** 사물의 시비나 선악을 판단할 수 있는 견식(見識)
이 있는 사람.

관 혼 상 제
69. **冠婚喪祭** 성례(成禮)·결혼(結婚)·장례(葬禮)·제기(祭
記)의 4대 예식

70. **冷血動物**
냉 혈 동 물

외부 온도에 따라 체온이 변화하는 동물. 또는 냉
혹하고 비정한 사람.

71. **凱旋將軍**
개 선 장 군

싸움에서 이기고 돌아온 장수.

72. **利害相半**
이 해 상 반

이로움과 해로움이 반반으로 맞섬.

73. **到處狼狽**
도 처 낭 패

하는 일마다 모두 실패함.

74. **刹那主義**
찰 나 주 의

과거나 미래에 대한 염려 없이 현재의 찰나에서
쾌락을 누리고자 하는 주의.

75. **前門拒虎後門進狼**
전 문 거 호 후 문 진 랑

앞문에서 호랑이를 막으니, 뒷문에서
는 이리가 닥쳐옴. 즉, 어려움이 지
나고 또 어려움이 닥침.

76. **割恩斷情**
할 은 단 정

은혜와 정을 끊음.

공 과 상 반
77. 功過相反　공로와 허물이 반반임.

공 치 사
78. 功致辭　남을 위해 수고한 것을 생색내려고 다른 사람 앞에서 스스로 자랑함.

용 맹 정 진
79. 勇猛精進　고난을 물리치고 향진(向進)에 힘씀.

노 동 분 쟁
80. 勞動紛爭　근로자와 사용자 사이에 생기는 동맹파업 따위의 대립 상태.

세 여 파 죽
81. 勢如破竹　기세가 맹렬하여 대항할 적이 없는 형세. 파죽지세 (破竹之勢)도 같은 뜻임.

권 선 징 악
82. 勸善懲惡　착한 행동은 권장하고 악한 행동은 징계함.

천 리 안
83. 千里眼　천리 밖의 것을 볼 수 있는 안력(眼力). 즉, 먼 곳에 서 일어난 일을 직감으로 감지하는 능력.

천 자 만 홍
84. 千紫萬紅　가지가지의 빛깔.

반 신 반 의
85. 半信半疑　반쯤은 믿고 반쯤은 의심함.

반 대 신 문
86. 反對訊問　증인을 불러온 당사자가 그 증인을 신문한 후, 그 신문에서의 증인의 신용 정도를 가늠하고, 또 그 증인으로부터 자기에게 유리한 증언을 얻기 위하

여 반대쪽 당사자가 행하는 신문.

87. **同舟相救** _{동 주 상 구} 같은 배에 탔던 사람이 배가 전복될 때 서로 힘을 모아 구조함.

88. **吾厭食與犬惜** _{오 염 식 여 견 석} 내가 먹긴 싫고 개한테 주자니 아까움. 즉, 자기에게는 필요가 없어도 남에게 주기는 싫다는 뜻.

89. **吸血鬼** _{흡 혈 귀} 사람의 피를 빨아먹는 귀신. 남의 재물을 악독하게 빼 앗아가는 사람을 일컬음.

90. **和風甘雨** _{화 풍 감 우} 부드러운 바람과 단비.

91. **問柳尋花** _{문 류 심 화} ① 봄의 경치를 감상. ② 화류계에서 노는 것.

92. **單刀直入** _{단 도 직 입} 문장이나 언론 등에 있어 요점을 바로 풀이하여 들어감.

93. **喜色滿面** _{희 색 만 면} 아주 기쁜 듯이 보임.

희 희 낙 락
94. **喜喜樂樂**   매우 기뻐함.

기 호 품
95. **嗜好品**   사람이 즐기는 음식이나 물건.

가 배 절
96. **嘉排節**   한가윗날. 음력 8월 15일.

교 편 지 마
97. **嚙鞭之馬**   말이 제 고삐를 씹음. 즉 자기 친척을 헐뜯으면 결국 자기에게 해가 된다는 뜻.

사 고 무 친
98. **四顧無親**   의지할 만한 사람이 전혀 없음.

인 과 응 보
99. **因果應報**   좋은 원인에는 좋은 결과가 나오고, 나쁜 원인에는 나쁜 결과가 나오는 것처럼, 자기가 지은 인업(因業)에 대하여 반드시 거기에 상응하는 과보(果報)가 있다는 말.

토 붕 와 해
100. **土崩瓦解**   어느 모임이나 단체 같은 것이 무너져 버림.

매 두 몰 신
101. **埋頭沒身**　일에 얽매여 헤어나지 못함.

집 행 유 예
102. **執行猶豫**　유죄 판결을 받은 사람에게 조건을 달고 형의 집
행을 유예함.

도 청 도 설
103. **塗聽塗說**　길거리에 퍼져 돌아다니는 뜬소문.

진 합 태 산
104. **塵合泰山**　티끌 모아 태산. 작은 물건도 많이 모이면 나중에
크게 이루어짐.

하 로 동 선
105. **夏爐冬扇**　여름의 화로와 겨울의 부채. 쓸데없는 사물이나
무익한 언론·재능 등을 말함.

외 빈 내 부
106. **外貧內富**　외양은 구차한 것 같으나 실상은 부유함.

천 하 장 사
107. **天下壯士**　힘이 대단히 센 사람.

태 평 성 사
108. **太平盛事** 태평한 시대의 훌륭한 일.

오 밀 조 밀
109. **奧密稠密** ① 마음이 자상함.
② 기술이 세밀함.

환 골 탈 태
110. **換骨奪胎** 형태나 형식을 아주 바꾸어 버림.

공 작 부 인
111. **孔雀夫人** 아름답게 꾸민 미인.

대 소 안 타 역 난
112. **對笑顔唾亦難** 좋은 낯으로 대하는 사람에게는 미워도
괄시하기 어렵다는 뜻이다.

산 해 진 미
113. **山海珍味** 산이나 바다에서 나는 진기한 것으로 만든 반찬.

우 왕 좌 왕
114. **右往左往** 왔다갔다 하여 몹시 바쁨.

포 의 한 사
115. **布衣寒士** 벼슬길에 오르지 못한 가난한 선비.

상 주 좌 와
116. **常住坐臥** 언제나 특별한 일이 없는 평범한 일상.

평 지 풍 파
117. **平地風波** 평온한 곳에 억지로 풍파를 일으킨다는 뜻으로
뜻밖의 분쟁이 일어남.

연 하 우 편
118. **年賀郵便** 연말에 발송해서 새해 첫날에 배달하는 우편.

유 령 인 구
119. 幽靈人口   거짓 신고로 실제에는 존재하지 않은 인구.

연 체 이 식
120. 延滯利息   일정한 기간 안에 돈을 내지 못하면 시일을 따져
받아들이는 이자.

농 와 지 경
121. 弄瓦之慶   딸을 낳았을 때의 경사.

약 마 복 중
122. 弱馬卜重   약한 말에 짐을 무리하게 실음. 즉 맡은 일에 비
해서 그의 재주와 힘이 너무 부족함.

탄 지 지 간
123. 彈指之間   손가락을 튀길 사이라는 뜻으로, 세월이 매우 빠
름을 가리키는 말.

탄 핵 권
124. 彈劾權   법률이 정하는 바에 의한 국가 공무원의 비행에 대
하여 책임을 추궁할 수 있는 국회의 권리.

형 영 상 동
125. 形影相同   형체에 따라 그림자도 곧거나 굽는다는 뜻. 마음
의 선악이 그대로 겉에 나타남.

126. 待隣婦妻不娶 _{대 린 부 처 불 취} 이웃 색시 기다리다가 장가를 못 감. 즉, 한 가지만 고집하다가 실패하는 융통성 없는 짓.

127. 徒費脣舌 _{도 비 순 설} 공연히 말만 많이 하고 아무 보람이 없음.

128. 循環之理 _{순 환 지 리} 흥망성쇠가 순환하는 이치.

129. 托鉢僧 _{탁 발 승} 동냥다니는 중.

130. 抑强扶弱 _{억 강 부 약} 강자를 누르고 약자를 도와줌.

131. 抱腹絶倒 _{포 복 절 도} 참을 수가 없어서 배를 안고 웃음.

132. 拷問致死 _{고 문 치 사} 고문하다가 잘못하여 죽임.

133. 捉山猪失家猪 _{착 산 저 실 가 저} 멧돼지 잡으려다 집돼지를 잃음. 즉, 분수 밖의 욕심을 내다가 도리어 손해를 봄.

134. 江村別曲 _{강 촌 별 곡} 조선 선조 때 차천로(車天輅)가 지은 가사로 청구영언(靑丘永言)에 실려 전해옴. 자연 속에서의 한가로운 생활을 노래함.

135. 江湖之樂 _{강 호 지 락} 자연을 벗삼아 누리는 즐거움.

지 어 농 조
136. 池魚籠鳥 못의 고기와 새장의 새. 즉, 부자유한 신세가 됨.

파 란 중 첩
137. 波瀾重疊 일의 진행에 있어서 온갖 변화와 난관이 많음.

파 란 곡 절
138. 波瀾曲折 생활 또는 일의 진행에서 일어나는 많은 곤란과 변화.

파 란 만 장
139. 波瀾萬丈 일의 진행에서 일어나는 몹시 심한 기복과 변화.

하 한 지 언
140. 河漢之言 한없이 긴 말.

유 리 표 박
141. 流離漂泊 한 직업을 갖지 아니하고 정처 없이 떠돌아다니는 일.

부 생 약 몽
142. 浮生若夢 인생은 꿈처럼 덧없다는 뜻.

부 운 지 지
143. 浮雲之志 하늘에 떠도는 구름처럼 부귀에 사로잡히지 않는 마음.

200

소 혼 단 장
144. 消魂斷腸 근심과 슬픔으로 넋이 빠지고 창자가 끊어지는 듯함.

욕 기 지 락
145. 浴沂之樂 명예나 자기의 이익을 잊고 자연을 벗삼아 노는 즐거움.

호 연 지 기
146. 浩然之氣 하늘과 땅 사이에 가득한 바르고 강한 큰 원기.

유 운 경 룡
147. 遊雲驚龍 길게 하늘거리는 구름과 놀란 용. 즉, 글씨가 생각한 대로 교묘하게 잘 씌어진 모양.

점 입 가 경
148. 漸入佳境 점점 아름다운 산수의 경치나 문장의 내용에 빠져 들어간다는 뜻.

반 양 지 호
149. 潘楊之好 혼인으로 인척 관계가 겹쳐서 긴 세월 동안 좋은 사이.

잠 덕 유 광
150. 潛德幽光 세상에 알려지지 않은 유덕자(有德者)의 숨은 빛.

잠 재 의 식
151. 潛在意識　의식에 나타나지 않으나 의식과 서로 관련하여 기
능적으로 자아 전체를 구성하고 있는 관념 활동.

택 급 만 세
152. 澤及萬世　은택이 영원히 미침.

맹 호 복 초
153. 猛虎伏草　영웅은 일시적으로는 숨어 있지만 언젠가는 반드
시 세상에 나타남.

묘 두 현 령
154. 猫頭懸鈴　고양이 머리에 방울 달기. 즉 불가능한 일을 의논
하는 것.

아 비 규 환
155. 阿鼻叫喚　뜻밖의 변으로 여러 사람이 몹시 비참한 지경에
빠졌을 때 그 고통에서 헤어나려고 악을 쓰며
소리지르는 모양.

음 덕 양 보
156. 陰德陽報　남모르게 덕행을 쌓은 사람은 뒤에 그 보답을 저
절로 받음.

격 세 지 감
157. 隔世之感　아주 바뀌어 딴 세상과 같은 느낌이 듦.

수 의 계 약
158. 隨意契約 경쟁이나 입찰에 의하지 않고 일방적으로 골라낸
상대와 체결하는 계약.

한 단 지 몽
159. 邯鄲之夢 사람의 일생에 부귀란 헛되고 덧없다는 뜻. 노생
(盧生)이라는 사람이 한단(邯鄲)이라는 곳에서
도사의 베개를 빌려 베고 잠이 들었다가 부귀와
영화에 찬 한평생의 꿈을 꾸었다 함. 일취지몽
(一炊之夢)과도 같은 뜻.

심 기 일 전
160. 心機一轉 어떤 동기에서 기분이 급히 변함.

필 유 곡 절
161. 必有曲折 반드시 무슨 까닭이 있음.

사 모 불 망
162. 思慕不忘 사모하여 잊지 않음.

사 무 사
163. 思無邪 생각에 간사함이 없음.

공 하 신 년
164. 恭賀新年 삼가 새해를 축하함.

은 휼 지 전
165. 恩恤之典 자비로운 은혜를 베풀어 구조하는 식전.

애 지 중 지
166. 愛之重之 매우 사랑하여 소중히 여기는 모양.

의 기 소 침
167. 意氣銷沈 의기가 쇠하여 사그라짐.

168. **懸河之辯** 현 하 지 변
흐르는 물과 같이 거침없이 잘하는 말. 현하구변
(懸河口辨)도 같은 뜻임.

169. **戶籍謄本** 호 적 등 본
한집안 식구의 전체를 기록한 공인 문서.

170. **戶籍抄本** 호 적 초 본
호적 가운데에서 의뢰인이 지정하는 부분만 베
낀 것.

171. **扇影衣香** 선 영 의 향
부채 그림자와 옷의 향기라는 뜻으로 귀부인이
많이 모여 있음을 뜻함.

172. **敢不生心** 감 불 생 심
감히 엄두도 내지 못함.

173. **敬天愛人** 경 천 애 인
하늘을 공경하고 인류를 사랑함.

174. **晚食當肉** 만 식 당 육
늦게 배가 고프다가 먹으면 맛이 있어 고기를 먹
는 것과 같음.

175. **文武兼備** 문무겸비 문예와 무예를 아울러 갖춤.

176. **旗幟槍劍** 기치창검 군에서 쓰는 무기. 창, 칼 따위를 말함.

177. **春秋筆法** 춘추필법 서예의 준엄한 논법.

178. **時代錯誤** 시대착오 그 시대의 일반적인 사고 방식과 다른 시대에 뒤떨어진 생각.

179. **晝語鳥聽夜語鼠聽** 주어조청야어서청 낮말은 새가 듣고 밤말은 쥐가 들음.

포 학 무 도
180. **暴虐無道** 성질이 포악하고 잔인하여 도리에 어긋남.

몽 롱 세 계
181. **朦朧世界** 흐리멍텅하게 나타난 판국.

동 섬 서 홀
182. **東閃西忽** 동에 번쩍 서에 번쩍 이리저리 왔다갔다 함.

배 중 사 영
183. **杯中蛇影** 신경질이 많아 자기 스스로 의혹된 마음이 생겨
고민하는 일.

도 요 시 절
184. **桃夭時節** 복숭아꽃이 요염하게 핀 봄철. 시집갈 시기.

상 봉 지 지
185. **桑蓬之志** 남자가 큰 뜻을 품고 노력하여 성공함.

기 세 은 둔
186. **棄世隱遁** 세상을 멀리하고 숨어 지냄.

조 율 이 시
187. **棗栗梨柿** 제사에 쓰는 대추·밤·배·감.

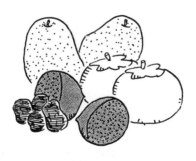

극 락 왕 생
188. **極樂往生**　죽어서 극락 세상에 다시 태어나는 일.

검 거 선 풍
189. **檢擧旋風**　한꺼번에 휩쓸어 검거함.

환 천 희 지
190. **歡天喜地**　펄펄 뛰며 크게 기뻐함.

세 한 삼 우
191. **歲寒三友**　겨울 관상용의 세 나무. 즉 소나무·대나무·매
　　　　　　　　화나무.

사 차 불 후
192. **死且不朽**　몸은 죽어서 없어지지만 그의 명성은 그대로
　　　　　　　　후세에 남음.

사 활 문 제
193. **死活問題**　죽느냐 사느냐의 문제.

잔 질 지 인
194. **殘疾之人**　잔병꾸러기

살 기 충 천
195. **殺氣衝天**　살기가 하늘을 찌를 듯이 가득함.

호 홀 지 간
196. **毫忽之間**　터럭만큼 틀리는 지극히 짧은 사이. 서로 조금
　　　　　　　　어긋난 동안.

기 진 맥 진
197. **氣盡脈盡**　기력이 다 없어짐.

수 화 상 극
198. **水火相剋**　물과 불이 서로 용납하지 못하는 것처럼 서로 원

수 사이가 됨.

199. 永遠無窮
영원무궁 다함이 없이 오램.

200. 泰山鴻毛
태산홍모 매우 무거운 것과 아주 가벼운 것.

201. 灰色分子
회색분자 소속과 주의가 뚜렷하지 못한 사람.

202. 炮烙之刑
포락지형 불에 달군 쇠로 달근질하는 극형.

203. 爐邊談話
노변담화 난로가에서 가족과 이야기하듯이 친밀한 태도로 정치 문제를 방송하는 형식.

204. 無骨好人
무골호인 뼈 없이 좋은 사람. 즉 아주 순하여 남의 비위에 두루 맞는 사람을 뜻함.

205. 無情歲月
무정세월 덧없이 흘러가는 세월.

206. 燕鴻之歎
연 홍 지 탄
길이 어긋나서 서로 만나지 못하는 탄식.

207. 牽制運動
견 제 운 동
남을 견제하기 위해서 하는 행위.

208. 犬牙差互
견 아 차 호
개의 이빨 모양으로 서로 엇갈림.

209. 瓊宮瑤臺
경 궁 요 대
옥을 장식한 어전과 옥을 새긴 고전(高殿).

210. 芝焚蕙嘆
지 분 혜 탄
동료가 입은 재앙은 자기에게도 근심이 된다.

211. 菽水之歡
숙 수 지 환
콩을 먹고 물을 마시는 가난한 살림을 하면서도
어버이에게 효도하여 느끼는 기쁨.

212. 落月屋梁
낙 월 옥 량
지는 달이 지붕을 비춤. 죽은 사람을 생각하는 마
음이 간절함.

213. 落花流水
낙 화 유 수
떨어지는 꽃과 흐르는 물. 정이 있어 서로 보고

싫어하는 남녀의 관계를 일컬음.

만 경 창 파
214. 萬頃滄波　한없이 넓고 넓은 바다.

만 고 불 변
215. 萬古不變　만고에 변함이 없음.

만 장 기 염
216. 萬丈氣焰　한없이 기세를 올리는 어세(語勢).

몽 학 훈 장
217. 蒙學訓長　어린아이를 가르치는 선생.

역 려 과 객
218. 逆旅過客　세상은 여관과 같고 인생은 나그네와 같다는 뜻.

후 회 막 급
219. 逅悔莫及　이미 지나간 일을 뉘우쳐도 소용이 없음.

과 잉 생 산
220. 過剩生産　소비에 비하여 정도를 넘어선 생산.

와 해 토 붕
221. 瓦解土崩　기와가 깨어져 흩어지고 흙이 무너지는 것. 즉 사물이 크게 무너져 흩어지는 것.

생 로 병 사
222. 生老病死　살면서 반드시 겪게 되는 네 가지 고통.

용 필 침 웅
223. 用筆沈雄　그림이나 글씨의 운필이 침착하고 박력이 있음.

갑 론 을 박
224. 甲論乙駁　서로 논란(論難)하고 반박함.

신 신 당 부
225. **申申當付**　몇 번이고 연거푸 간절히 하는 부탁.

화 중 지 병
226. **畵中之餅**　그림 속의 떡은 먹을 수가 없듯이 실용적이지 못
함을 뜻함.

첩 첩 산 중
227. **疊疊山中**　겹겹이 둘러싸인 깊은 산속.

병 풍 상 성
228. **病風喪性**　병으로 본성을 잃어 버림.

질 풍 신 뢰
229. **疾風迅雷**　매우 빠른 바람과 심한 우뢰. 즉 행동의 민첩하고
속력이 빠른 모양.

백 계 무 책
230. **百計無策**　베풀 만한 꾀가 전혀 없음.

백 무 일 실
231. **百無一失**　백 중에서 하나도 잃은 것이 없음.

백 문 불 여 일 견
232. **百聞不如一見**　백 번 듣느니보다 한 번 보는 것이 더 정
확하다는 뜻.

백 팔 번 뇌
233. **百八煩惱**　인간의 번뇌가 108가지라는 말. 인간의 과거·
현재·미래를 통한 모든 미혹(迷惑).

호 호 백 발
234. **皓皓白髮**　온통 하얗게 센 머리, 또는 그런 노인.

피 장 화 초
235. **皮匠花草**　속은 어떻든 겉치장만 미끈하게 한다는 뜻.

노 생 지 몽
236. **盧生之夢**　인생의 영고성쇠가 하룻밤 꿈처럼 덧없음.

맹 자 정 문
237. **盲者正門**　소경이 문을 바로 찾음. 우매한 사람이 우연히 이
치에 들어맞는 일을 함.

미 목 수 려
238. **眉目秀麗**　얼굴이 빼어나게 아름다움.

진 정 소 원
239. **眞情所願**　진정으로 우러난 소원.

현 인 안 목
240. **眩人眼目**　남의 눈을 어지럽히고 아득하게 함.

지 자 불 혹
241. 知者不惑 지혜로운 자는 도리를 분명히 알고 있으므로 사물의 처리에 당하여 미혹되지 않음.

교 왕 과 직
242. 矯枉過直 구부러진 것을 바로잡으려다가 너무 곧게 함.

사 교 무 도
243. 社交舞蹈 사교 댄스

조 상 청 배
244. 祖上請陪 굿할 때 무당이 죽은 사람의 혼령을 청하는 일.

사 인 위 조
245. 私印僞造 어떤 목적에 쓰려고 남의 사인을 도용한 죄.

과 구 중 인
246. 科臼中人 평범한 사람.

과 료 처 분
247. 科料處分 벌금을 내도록 결정한 처리법.

추 호 불 범
248. 秋毫不犯 마음이 깨끗하여 남의 것을 조금도 범하지 않음.

이 역 부 득
249. 移易不得 변통할 도리가 없음.

희 세 지 재
250. 稀世之才 세상에 보기 드문 재치.

적 우 침 주
251. 積羽沈舟 가벼운 새의 깃이라도 많이 쌓으면 배를 가라앉게 함. 곧 힘을 합하여 단결하면 큰 힘이 됨.

적 토 성 산
252. **積土成山** 티끌 모아 태산.

공 산 명 월
253. **空山明月** 적적한 산에 비치는 밝은 달. 즉 대머리를 놀리
는 말.

궁 인 모 사
254. **窮人謀事** 일이 잘 이루어지지 않음.

피 발 영 관
255. **被髮纓冠** 머리털이 흐트러진 채 관을 씀. 곧 머리털을 손질
할 틈이 없을 정도로 몹시 바쁜 모양.

간 두 과 삼 년
256. 竿頭過三年 대나무 끝에서 3년을 남. 즉 괴로움을 오랫동
안 참고 지낸다는 뜻.

간 두 지 세
257. 竿頭之勢 궁박한 형세.

필 한 여 류
258. 筆翰如流 문장을 거침없이 써 내려가는 모양. 문필이 물 흐
르듯이 빠른 일.

찬 찬 옥 식
259. 粲粲玉食 잘 씻은 쌀로 지은 이밥.

정 예 분 자
260. 精銳分子 사회나 단체에서 가장 우수하고 힘이 있는 사람.

호 구 지 책
261. 糊口之策 가난한 살림에서 그저 겨우 먹고 살아가는 방책.

조 강 지 처
262. 糟糠之妻 가난할 때 술재강이나 쌀겨 같은 구차한 음식을
먹으며 고생을 같이하던 아내.

홍 로 점 설
263. 紅爐點雪 뜨거운 불 위에 놓인 한 점의 눈. 금방 없어짐.

순 결 무 구
264. 純潔無垢 마음과 몸가짐이 아주 깨끗하여 조금도 더러운
티가 없음.

신 사 협 정
265. 紳士協定 서로 상대를 믿고 결정하는 협약(協約).

종 이 부 시
266. 終而復始 어떤 일을 끝내는 즉시 다음 일을 잇달아 시작함.

267. 終天之痛
종 천 지 통
세상에 또 있을 것 같지 않은 극도의 슬픔.

268. 結義兄弟
결 의 형 제
형제의 의를 맺음.

269. 胡言亂說
호 언 난 설
무슨 말인지 이해할 수 없는 말.

270. 與世推移
여 세 추 이
세상과 더불어 변함.

271. 虎狼之心
호 랑 지 심
성질이 거칠고 사나워 인자하지 못한 마음.

272. 虎視耽耽
호 시 탐 탐
범이 먹이를 눈을 부릅뜨고 노려봄. 즉 기회를 노리고 있는 모양.

273. 蝸角之爭
와 각 지 쟁
달팽이의 뿔 위에서 하는 싸움. 즉 작은 나라끼리의 싸움, 사소한 싸움.

274. 豪華燦爛
호 화 찬 란
매우 화려하고 빛남.

275. **路柳牆花** (노류장화)
누구든지 꺾을 수 있는 길가의 버들과 담 밑의 꽃. 곧 창부(娼婦).

276. **醉生夢死** (취생몽사)
취하여 살고 꿈속에서 죽는다는 뜻으로 아무 의미 없이 한평생을 흐리멍텅하게 살아감.

277. **閑談屑話** (한담설화)
심심풀이로 하는 쓸데없는 말.

278. **雙鯉魚出** (쌍리어출)
효심이 매우 두터움. 후한(後漢)의 강시(姜詩)와 진(晉)의 왕상(王祥)은 겨울에 어머니에게 드릴 잉어를 구해야 했는데 효심이 매우 두터웠기 때문에 얼음 속에서 두 마리의 잉어가 튀어 나왔다고 함.

279. **靑孀寡婦** (청상과부)
나이가 젊었을 때 남편을 여읜 여자. 곧 아주 젊었을 때부터의 과부.

280. **韋編三絶** (위편삼절)
책을 철한 가죽끈이 세 번이나 끊어질 정도로 책을 아주 많이 읽음.

281. **黎明期** (여명기)
① 날이 밝아 올 무렵. ② 새로운 문화 등이 일어나려는 즈음.

고사성어

부록

이름으로 알아보는 운명

1. 수리 계산법

이름 풀이에 가장 중요한 수리 계산은 아래와 같이 계산한다.

예) 李 敏 錫

7+11+16=34(총격)

2. 성명학의 요소는 글자이다. 성명의 획수는 반드시 정자(正字)이어야 한다. 즉 해서(楷書)를 원칙으로 해야 한다.

3. 총격(總格)이라는 것은 성과 이름의 각 획수를 모두 합한 것이다.

4. 이름 총획수의 길흉

* 5수 이하는 실제로 없으니 생략한다.

* 6수

계승후덕운   부귀영화상

繼承厚德運 ⇒ 富貴榮華像

부모의 유산을 밑천으로 한 사업이 번창해서 여러 사람들한테 부러움을 살 행운을 가지고 있으나, 중년 이후에 중단운이 있다. 말년에는 안락하고 즐겁게 보낸다.

* 7수

강건발달운   권재풍성상

剛健發達運 ⇒ 權財豊盛像

철과 관계되는 사업에 인연이 있고 독립적인 일에는 추진력이 강하므로 목적을 달성할 수 있다. 공동으로 하는 사업에는 성사가 어려워 고독에 빠질 수 있는 운이다. 자수성가해서 가문을 일으킨다. 타인과 화합하는 정신을 양성하도록 노력해야 한다.

* 8수

개발건강운   복록증진상

開發健康運 ⇒ 福祿增進像

초년에는 어려움이 많으나 중년을 넘어 만사가 순조롭게 잘 될 운수이다. 성품이 강인해서 모든 장애를 극복하여 기필코 목적을 달성하여 부귀장수할 것이다. 조난을 당할 염려는 있으나 사교성이 뛰어나고 의지가 굳세어 구제받을 운이다.

* 9수

궁박비애운　　실패허망상

窮迫悲哀運 ⇒ 失敗虛妄像

부귀 영화를 얻어도 중도에나 또는 성공 후에 비참한 환경 속에 빠질 운수이다. 다시 말해서 사회적으로 크게 성공하는 수도 있지만 결국은 나쁜 운명으로 고민할 것이다. 부부의 운 또한 좋지 않아 이중 생활 아니면 이혼을 면치 못할 것이다. 기술을 밑천으로 근근이 입에 풀칠이나 하게 되는 수다.

* 10수

귀공단명운　　패가곤궁상

歸空短命運 ⇒ 敗家困窮像

부잣집에 태어났더라도 재산을 탕진하기 쉽고 자포 자기에 빠지기 쉽다. 중년 이후에는 타향을 전전하면서 갖은 고생 끝에 성공할 수도 있다. 처자와는 이별을 하고 질병 등으로 단명하는 운도 있다. 건강에 조심해야 한다.

* 11수

갱신흥가운　　융성부귀격

更新興家運 ⇒ 隆盛富貴格

이지적이고 두뇌가 명석하여 자기의 목적을 향하여 부단히 노력하면 재산을 많이 모아 타인의 부러움을 살 정도가 된다. 초목이 단비를 만나 싹이 트고 가지가 돋아나듯이 가운을 부흥시킨다. 매사가 순조롭게 발전하여 차츰 부귀 영달을 누릴 운수이다.

* 12수

유약고수운　　실패병고상

柔弱孤愁運 ⇒ 失敗病苦像

심신이 허약해서 자녀를 두어도 부부는 생이별하는 수가 있으며 단명할 우려도 있는데, 욕심을 삼가고 분수를 지켜 나간다면 액을 막을 수 있다. 사람에 따라 경박하고 허영심이 강하고 성실성이 부족해서 신용을 잘 지키지 않는 경향이 있다.

* 13수

총명지달운   부귀번성상

聰明智達運 ⇒ 富貴繁盛像

명석한 두뇌로 고초와 난관에 부딪친다 해도 충분히 해결하는 수단
이 있다. 예능 방면에도 재간이 있어서 남에게 인정을 받는다. 여자도
총명하고 재치가 있다. 원만한 인품과 뛰어난 재치로 어떠한 곤란도 곧
잘 해결해서 나아가 부귀한 사람이 될 것이다.

* 14수

이산파괴운   패가망신상

離散破壞運 ⇒ 敗家亡身像

모든 일이 잘 될 것 같으면서 좀처럼 싹이 트지 않는 운이다. 비 오
는 날 어두운 밤길을 혼자서 허덕이면서 걸어가는 초라한 모습이다. 육
친의 덕까지 없으며 번민이 생기고 실패가 따르게 된다. 너무 인색하고
타인에 대하여 지나치게 냉정하기 때문에 타인과 사귀기가 어렵다.

* 15수

통솔수복운   대망달성상

統率壽福運 ⇒ 大望達成像

많은 사람들이 인화에 의해 사업을 번창시킬 수 있는 대길한 수이고
여러 사람들을 능히 통솔하는 힘을 갖추고 있다. 매사에 자신을 가지고
일을 추진할 운이다. 처세에 원만하고 사회적 지위도 올라 행복을 얻는
다. 자식 복도 있는 수로서 가정이 화목하다.

* 16수

덕망부귀운   행운수복상

德望富貴運 ⇒ 幸運壽福像

부귀 영화와 입신 양명을 한몸에 누리는 수로서 인망이 두텁고 재력
이 풍부하여 사업을 성취할 수 있는 복운을 지니고 있다. 이성을 경계
해야 하며 지나친 권세에 관심을 가지면 후회할 일이 생긴다. 남을 잘
보살펴 주고 동정심이 많아서 덕망을 얻어 크게 성공한다.

* 17수

건창용진운　　대성출세상

健暢勇進運 ⇒ 大成出世像

활동성을 가지고 적극적으로 사회에 나서서 이름이 널리 알려진다. 모든 사람의 존경을 받게 되는 반면에 가정에 관심을 가질 여유가 없어서 가정을 소홀히 할 우려가 있다. 때로는 급한 성질을 나타내므로 주의해야 한다. 이 수는 길한 수이지만 본인의 노력 여하에 따라 성공의 차이를 보인다.

* 18수

강건발전운　　입신양명상

剛健發展運 ⇒ 立身揚名像

의지가 굳으며 자부심이 강하고 모든 난관을 극복해 낼 수 있다. 일시적인 오해로 뜻하지 않게 타인으로부터 반감을 사게 되어 나쁜 운으로 급변하는 경우도 있다. 그러나 끝내는 사회의 유지로서 높은 지위에 오르고 출중한 인물이 된다.

* 19수

성쇠병난운　　고독단명상

盛衰病難運 ⇒ 孤獨短命像

두뇌가 명철하고 신용도 얻겠으나 재운이 없어 재산을 얻는 것은 어려울 것 같으며, 노력은 해도 끝맺음이 희미하고 모든 일이 수포로 돌아간다. 부부의 인연도 박약하여 생이별 또는 사별의 불운을 면하기 어렵다. 명이 짧거나 사고로 죽는 사람도 있다.

* 20수

허망요절운　　병약빈궁상

虛望夭折運 ⇒ 病弱貧窮像

육친의 덕도 희박하고 모든 일이 허무하게 돌아가고 노력은 많이 하나 공덕이 없다. 경제적인 여유도 보이나 일시적이며 돌발적인 재앙으로 다시 빈곤의 수렁에 빠지게 된다. 단명하거나 불의의 재난을 당해 마음이 늘 불안하여 편안할 때가 없다.

* 21수

자립두령운   출세영화상

自立頭領運 ⇒ 出世榮華像

윗자리에 앉아 여러 사람을 지도하는 인물로 만인이 암시하는 지도자가 되겠다. 여자라면 남편의 무능력을 이유로 호주나 다름없는 위치에 오르게 되니 부부 사이는 좋지 못하다. 혹 부부의 금실이 좋으면 슬하에 자식이 없는 운을 지녔다. 남편을 얻지 않고 직장에서 활약한다면 대단한 출세를 하겠다.

* 22수

천신만고운   추풍낙엽상

千辛萬苦運 ⇒ 秋風落葉像

중년 이후는 운이 나빠진다. 기력이 왕성하여 매우 활동적인 사람이다. 그러나 말년은 대체로 고독할 운이다. 시작은 매우 좋으나 결과를 보기 전에 중도에서 좌절하여 실패를 하게 되고 고독과 번민으로 부부가 생이별하게 되는 운이 있다.

* 23수

풍성복록운   개화만발상

豊盛福祿運 ⇒ 開花萬發像

노력하여 지위와 재산을 쌓을 좋은 운을 맞이하게 된다. 감정이 민감하여 현실 적응력이 강하므로 기회를 놓치지 않고 끝장을 보고 마는 신념이 있어 어려운 환경이라도 구애받지 않고 노력하여 반드시 출세하게 된다. 그리고 권세를 누리게 된다.

* 24수

흥왕부귀운   입신축재상

興旺富貴運 ⇒ 立身蓄財像

맨손으로 타향에 나가 재산을 모아 크게 번영한다. 행운과 복덕을 가져온다. 자수 성가하는 운이 오며 역경 속에 놓인다 할지라도 이를 극복하고 큰 성과를 이룩하게 될 것이다. 자손도 효도를 다할 것이고, 여자라면 좋은 남편을 만나 행복하게 살 것이다.

* 25수

평안발전운　안전건창상
平安發展運 ⇒ 安全健暢像

개성이 강하고 절도가 있어서 성공하는 운을 가진다. 고집을 세우는 것은 자기 스스로 행운을 깨뜨리는 결과가 되니 타인과 융화하는 정신을 길러야 할 것이다. 원수를 맺지 아니하면 순풍에 돛을 달고 평탄하게 항해할 수 있는 대단히 좋은 수이다.

* 26수

구사일생운　평지풍파상
九死一生運 ⇒ 平地風波像

파란이 많은 인생이다. 부부 운도 자식 운도 좋지 못하며 말년을 고독하고 쓸쓸히 보낼 수도 있는 수이다. 특히 여자로 인한 화를 부를 징조가 있으므로 여자를 접할 때는 신중을 기해야 한다. 여자라면 남자를 무시하고 업신여기는 경향이 있고, 예능 방면으로 나가면 이름을 날릴 수도 있다.

* 27수

험난풍파운　낙마절골상
險難風波運 ⇒ 落馬切骨像

온화한 성격이지만 남에게 오해를 받기 쉽다. 조난, 재난이 있다. 그러나 성의를 다하면 큰 실패 없이 부를 누릴 수도 있다. 남녀를 막론하고 조숙하고 잡기를 좋아하는 편이고, 곤경에 처했다가도 행운이 오기도 한다. 말을 타다가 떨어져 뼈를 부러뜨릴 수도 있듯이 실패할 때가 있다.

* 28수

불행파멸운　대해편주상
不幸破滅運 ⇒ 大海片舟像

왕성한 운으로 크게 뻗어 나가지만 변동이 많고 괜한 일로 신용을 잃기도 한다. 부부의 인연이 박하다. 파도가 치는 대해를 혼자 조각배를 타고 가는 격으로 고생이 많은 수다. 남녀를 막론하고 방탕하기 쉽고 향락을 좋아하며 가정에 재앙이 생긴다. 모든 일이 중도에 좌절되는 경우가 많다.

* 29수

성공평안운   신록유실상

成功平安運 ⇒ 新綠有實像

활동적이며 사교적이다. 처세술에 능하기 때문에 복을 누릴 길조가 있다. 늦게 귀인을 만나 출세하고 안락이 찾아온다. 다만 불만이 많고 자신을 너무 과신하는 경우가 있는데 자칫 출세길을 그르치는 과오를 초래하기 쉽다. 수명은 장수하고 대길한 수이다.

* 30수

실패파탄운   무정세월상

失敗破嘆運 ⇒ 無情歲月像

신분에 넘치는 욕망을 안고 흥망의 극단을 걷는 모험을 하면 크게 실패하여 파산하는 수도 있다. 운명이 평범하지 않아서 갈팡질팡하는 형으로 고민이 많다. 방황하며 궁지 속에서 허덕이는 일이 더 많으니 분수에 맞는 욕망으로, 성공했을 때는 자중하여 한 발 후퇴해야 한다.

* 31수

번영부귀운   만화방창상

繁榮富貴運 ⇒ 萬花芳暢像

머리가 좋고 사물을 잘 판단하여 사업 운을 그르치는 일이 없다. 대중의 지지를 얻어 고위 자리에 오를 덕망을 갖추고 있다. 성격은 지조가 견고하여 좀처럼 탈선하는 일이 없으며 사람을 사귐에도 온화 관용하므로 많은 사람이 따르고 대중의 인기를 얻는다. 재산도 얻을 수가 있는 운이다.

* 32수

지성수복운   녹수주유상

至誠壽福運 ⇒ 綠水周遊像

다른 사람의 원조에 힘입어 크게 성공할 수다. 거만하거나 자신의 역량을 과신하면 성공의 기반이 무너지기가 쉽다. 조심하고 삼가면 만사가 형통하며 수복 강녕하는 매우 좋은 수이다. 계획하는 일도 잘 풀리고 재산도 모을 수 있다.

* 33수

융성발전운   노용득운상

隆盛發展運 ⇒ 老龍得雲像

이름을 천하에 떨칠 길한 수이다. 운수가 매우 왕성하기 때문에 보통 사람으로서는 과한 수이니 조심성이 있어야 한다. 일찍부터 영화의 길을 치달아 마침내 권위를 차지하게 되는 길이기는 하나 이면에는 함정이 도사리고 있으니 경계를 요한다. 용이 구름을 타고 하늘로 올라가는 형상이다.

* 34수

환난불행운   평지풍파상

患難不幸運 ⇒ 平地風波像

병환에 시달려 고생을 많이 한다. 운수도 침체 상태가 계속되는 수이다. 사업을 해도 이루어지는 일이 없고 실패가 거듭되므로 조심해야 한다. 비록 사업이 잘 된다고 해도 위험한 재앙이 많아 심하면 한평생 액을 면할 수 없고 부부 사이도 좋지 않다.

* 35수

평안다복운   안과태평상

平安多福運 ⇒ 安過泰平像

학자, 교육자, 문학가로 나가면 이름을 널리 떨치는 수이다. 큰 사업을 벌이기에는 담력이 부족하니 그저 집안일을 잘 돌보면 복이 많고 편안히 지낼 수 있다. 즉 과욕 없이 노력만 하면 부귀 영화를 동시에 차지할 수 있고 타인으로부터 신망도 얻게 된다.

* 36수

파멸고난운   골육상쟁상

破滅苦難運 ⇒ 骨肉相爭像

움직이면 움직일수록 파란 곡절을 겪어 떠돌이 생활을 면치 못하게 된다. 단명 아니면 재액을 만날 수 있다. 성공을 했다 하여 경거 망동하면 큰 고배를 마시게 된다. 그러나 인내를 가지고 난관을 극복하면 평안하고 장수할 수도 있다. 재산 때문에 일가 친척들 사이에 다툼도 있는 수이다.

* 37수

부귀출세운　고목생화상

富貴出世運 ⇒ 古木生花像

대업을 달성하여 일생 동안 부귀 영화를 누린다. 과단성에 인덕이 더하여 능히 어려운 일을 처리하는 장점도 있다. 모든 일에 충실하고 초지일관 큰 뜻을 달성하고 발전하는 수이다. 고목에 꽃이 핀다는 말처럼, 일시적으로 사업이 실패해도 반드시 재기하는 뛰어난 지혜를 가지고 있다.

* 38수

재지출중운　입신양명상

才智出衆運 ⇒ 立身揚名像

자기 역량의 한도를 예측하고 분수를 지키면 인생의 후반기부터 편안하게 지낼 수 있다. 문화적인 사업에 손을 대면 지위와 재물이 생기고 대성할 수 있는 수이다. 단지 과욕을 부리면 실패하는 일이 있으니 이 점에 주의하면 출세도 하고 이름도 사방에 떨친다.

* 39수

풍부복록운　개화영춘상

豊富福祿運 ⇒ 開花迎春像

재력과 덕망을 얻고 권력을 다 갖추어 모든 사람들을 거느리며 위세를 떨친다. 행운의 혜택을 입고 재력을 모으며 덕망을 얻는 것은 중·장년기를 지나서부터 자연히 갖추게 된다. 모든 일을 현명하게 계획하고 처리하는 민활성이 있어 대성하게 된다. 꽃피는 봄을 맞이하는 좋은 수이다.

* 40수

성패무상운　도로무공상

成敗無常運 ⇒ 徒勞無功像

사업은 크게 성공하는 수도 있으나 오래가지는 못한다. 비교적 파란

이 많은 운수로 한 가지 일에만 꾸준히 종사하면 무사하겠으나 여러 가지 일을 다 성취시키려고 하면 패가 망신한다. 사물을 처리하는 데 있어 냉정하고 이론적이며 판단력도 좋으나, 운이 따라 주지 않아서 크게 성공은 못한다.

* 41수

대성통솔운   명진사해상

大成統率運 ⇒ 名振四海像

인품이 뛰어나고 지혜를 갖추어서 충분히 뜻을 이룰 수 있다. 대중의 지도적 인물이 될 수 있다. 특히 앞을 내다보는 선견지명이 뛰어나기 때문에 하는 일마다 순조롭게 잘 되어 나간다. 현명한 두뇌를 가지고 있어서 실패하는 일이 적고 이름을 널리 떨친다.

* 42수

고통험난운   조절죽장상

苦痛險難運 ⇒ 早節竹丈像

의지가 박약하고 남의 말에 현혹되기 쉬우며 늘 불안하다. 온갖 고생과 고난을 극복하여 성공했다 해도 오랫동안 지속하기가 어려운 흉수라 하겠다. 스스로의 고난과 재액을 초래하여 고생한다. 문학과 예술 방면으로 나가면 재액이 없어진다. 과감한 실천력이 약한 수이다.

한국 사람으로서 성명을 다 합해서 40획을 초과하는 사람은 거의 없으므로 6획부터 42획까지만 다루기로 한다.

이름에 많이 쓰이는 한자

【1획】

一(한 일) 乙(새 을)

【2획】

二(두 이) 又(또 우)

【3획】

三(석 삼) 千(일천 천) 大(큰 대)

【4획】

中(가운데 중) 丹(붉은 단) 仁(어질 인) 允(진실로 윤) 元(으뜸 원)
公(귀 공) 午(낮 오) 文(글 문) 方(모 방) 木(나무 목) 日(날 일)
斗(말 두) 心(마음 심) 夫(지아비 부)

【5획】

丘(언덕 구) 世(세상 세) 丙(남녘 병) 仕(벼슬 사) 仙(신선 선)
充(찰 충) 外(바깥 외) 巨(클 거) 平(고를 평) 弘(클 홍) 末(끝 말)
正(바를 정) 民(백성 민) 玄(검을 현) 甲(갑옷 갑) 必(반드시 필)
永(길 영) 玉(구슬 옥) 生(날 생) 且(또 차)

【6획】

丞(도울 승) 任(맡을 임) 仲(버금 중) 先(먼저 선) 吉(길할 길)
在(있을 재) 宇(집 우) 安(편안할 안) 守(지킬 수) 收(거둘 수)
自(스스로 자) 朱(붉을 주) 圭(옥 규) 百(일백 백) 有(있을 유)
次(버금 차) 旭(해돋을 욱) 求(구할 구) 光(빛 광) 臣(신하 신)
列(펼 렬)

【7획】

佑(도울 우)　佐(도울 좌)　兌(곧을 태)　孝(효도 효)　廷(조정 정)
志(뜻 지)　希(바랄 희)　成(이룰 성)　男(사내 남)　秀(빼어날 수)
良(어질 량)　辰(별 진)　亨(형통할 형)　延(끌 연)　利(이로울 리)

【8획】

享(누릴 향)　京(서울 경)　佳(아름다울 가)　弦(시위 현)　杰(인걸 걸)
和(화할 화)　尚(오히려 상)　宜(마땅할 의)　周(두루 주)　奉(받들 봉)
官(벼슬 관)　宗(마루 종)　秉(잡을 병)　定(정할 정)　岩(바위 암)
幸(다행 행)　忠(충성 충)　承(이을 승)　政(정사 정)　易(쉬울 이)
昌(창성 창)　昇(오를 승)　明(밝을 명)　旺(성할 왕)　東(동녘 동)
林(수풀 림)　欣(기쁠 흔)　牧(먹일 목)　直(곧을 직)　靑(푸를 청)

【9획】

亮(밝을 량)　信(믿을 신)　俊(준걸 준)　保(지킬 보)　勉(힘쓸 면)
南(남녘 남)　厚(두터울 후)　哉(비롯할 재)　太(클 태)　垠(끝 은)
柏(잣 백)　奎(별 규)　姬(계집 희)　姸(고울 연)　是(이 시)　河(물 하)
秋(가을 추)　香(향기 향)　宣(베풀 선)　玟(옥돌 민)　咸(다할 함)
昱(밝을 욱)　炤(밝을 소)　炫(밝을 현)　皇(임금 황)　禹(임금 우)
思(생각 사)　性(성품 성)　昶(빛날 창)　昭(밝을 소)　柱(기둥 주)
柄(자루 병)　泳(헤엄칠 영)　冠(갓 관)　玧(붉은 옥 윤)　泉(우물 천)
治(다스릴 치)　泫(물 깊을 현)　炳(빛날 병)　相(서로 상)　省(살필 성)
美(아름다울 미)　致(이를 치)　表(바깥 표)　貞(곧을 정)　春(봄 춘)
重(무거울 중)　英(꽃부리 영)　垣(별이름 원)　星(별 성)

【10획】

俱(함께 구)　修(닦을 수)　倫(인륜 륜)　剛(굳셀 강)　原(근원 원)
哲(밝을 철)　洋(물 양)　城(재 성)　夏(여름 하)　家(집 가)　宮(궁궐 궁)
宰(재상 재)　容(얼굴 용)　峰(뫼뿌리 봉)　恩(은혜 은)　恭(공경할 공)

晃(밝을 황) 書(글 서) 時(때 시) 桓(굳셀 환) 桂(계수나무 계)
根(뿌리 근) 洪(넓을 홍) 烈(매울 렬) 珍(보배 진) 益(다할 익)
眞(참 진) 祐(도울 우) 起(일어날 기) 崇(높을 숭) 素(본디 소)

【11획】

乾(하늘 건) 健(굳셀 건) 卿(벼슬 경) 國(나라 국) 培(북돋을 배)
寅(범 인) 常(떳떳할 상) 庵(집 암) 康(편안할 강) 彩(빛날 채)
翌(다음날 익) 彬(빛날 빈) 得(얻을 득) 救(구할 구) 淑(맑을 숙)
晨(새벽 신) 晩(늦을 만) 朗(밝을 랑) 海(바다 해) 浩(넓을 호)

【12획】

傑(영걸 걸) 喜(기쁠 희) 善(착할 선) 淳(순박할 순) 敦(도타울 돈)
淨(깨끗할 정) 堯(요임금 요) 堤(언덕 제) 報(갚을 보) 弼(도울 필)
惠(은혜 혜) 晶(수정 정) 晴(개일 청) 智(지혜 지) 普(넓을 보)
曾(일찍 증) 朝(아침 조) 植(심을 식) 棟(기둥 동) 淸(맑을 청)
然(그럴 연) 淵(못 연) 富(넉넉할 부) 現(나타날 현)

【13획】

廉(청렴할 렴) 敬(공경할 경) 會(만날 회) 湖(물 호) 湘(물이름 상)
輝(빛날 휘) 熙(빛날 희) 煌(빛날 황) 煥(빛날 환) 照(비칠 조)
琴(거문고 금) 琥(호박 호) 琢(쫄 탁) 睦(화목할 목) 祿(녹 록)
經(글 경) 義(옳을 의) 聖(성인 성) 豊(넉넉할 풍) 湜(물 맑을 식)
琪(옥이름 기) 鼎(솥 정) 頌(칭송할 송) 號(이름 호) 詩(글귀 시)
愚(어리석을 우) 勢(권세 세) 暉(빛날 휘) 新(새 신) 業(업 업)

【14획】

嘉(아름다울 가) 夢(꿈 몽) 實(열매 실) 彰(밝을 창) 慈(사랑할 자)
愼(삼갈 신) 暢(화창할 창) 榮(영화 영) 銀(은 은) 齊(가지런할 제)
源(근원 원) 準(법도 준) 溶(흐를 용) 瑞(상서 서) 禮(예도 예)

【15획】

儀(거동 의)　廣(넓을 광)　慧(지혜 혜)　慶(경사 경)　瑩(옥돌 영)
輝(빛날 휘)　逸(편할 일)　養(기를 양)　演(흐를 연)　樂(즐거울 락)
德(큰 덕)　範(법도 범)　羲(사람이름 희)　賢(어질 현)　稷(피 직)

【16획】

儒(선비 유)　冀(바랄 기)　學(배울 학)　樹(나무 수)　潤(젖을 윤)
燁(빛날 엽)　澄(맑을 징)　陳(늘어설 진)　錫(주석 석)　達(통달할 달)
蓉(연꽃 용)　篤(돈독할 독)　穆(화목할 목)　潭(못 담)　錦(비단 금)

【17획】

徽(아름다울 휘)　鮮(고울 선)　擇(가릴 택)　韓(나라 한)　鞠(기를 국)
鍾(쇠북 종)　蓮(연꽃 련)　聲(소리 성)　燦(빛날 찬)　應(응할 응)
駿(준마 준)　鴻(클 홍)　點(점 점)　禧(복 희)　澤(못 택)

【18획】

鎭(진압할 진)　騏(얼룩말 기)　鎬(냄비 호)　簡(편지 간)　禮(예도 예)
濟(건널 제)　闊(넓을 활)　鎔(녹일 용)

【19획】

贊(도울 찬)　鏞(큰 쇠북 용)　禱(빌 도)　鏡(거울 경)　麗(아름다울 려)
寶(보배 보)　璿(친기옥 선)

【20획】

瓊(구슬 경)　馨(꽃다울 형)　覺(깨달을 각)　耀(빛날 요)　嚴(엄할 엄)
瀚(클 한)

232

••• 찾아보기 •••

234

【ㅇ】

【ㅈ】

【ㅊ】

고사성어 (톡톡튀는)

2021년 10월 15일 중판 발행
편저자 * 이상기
펴낸이 * 남병덕
펴낸곳 * 전원문화사
07689 서울시 강서구 화곡로 43가길 30
　　　　T.02)6735-2100. F6735-2103
　　　　jwonbook@naver.com
등록 * 1999년 11월 16일 제 1999-053호
　　　ⓒ 1995, 전원문화사